Pitbull Harmony: El Arte de Entrenar y Comprender

Creando un Compañero Canino Feliz, Saludable y Bien Equilibrado

Carlos Martinez

Tabla de contenido:

INTRODUCCIÓN

Bienvenido a "Pitbull Harmony: El Arte de Entrenar y Comprender - Creando un Compañero Canino Feliz, Saludable y Bien Equilibrado". Este completo manual está destinado a ayudarlo a navegar por el mundo de la tenencia responsable de pitbulls, disipando mitos y conceptos erróneos al tiempo que ofrece información invaluable sobre las características únicas de esta querida raza. A medida que nos embarcamos en este viaje juntos, nos centraremos en fomentar una relación armoniosa entre usted y su pitbull a través de un entrenamiento práctico, una comprensión compasiva y un entorno enriquecedor.

Los pitbulls, a menudo incomprendidos debido a conceptos erróneos en torno a su temperamento, son, de hecho, compañeros amorosos, inteligentes y leales. Este libro electrónico busca cerrar la brecha entre la percepción y la realidad, proporcionando conocimiento sobre los rasgos, la historia y las necesidades específicas de la raza. Al profundizar en los orígenes de los pitbulls y comprender sus características específicas de la raza, sentamos las bases para construir una base sólida para su relación.

El adiestramiento es un aspecto integral de la tenencia responsable de pitbulls, y este libro electrónico ofrece una guía completa de técnicas de refuerzo positivo adaptadas al temperamento único de la raza. Desde comandos básicos hasta habilidades más avanzadas, exploraremos el arte del entrenamiento, centrándonos en generar confianza, mejorar la comunicación y fomentar un vínculo fuerte entre usted y su pitbull. Además, abordaremos los problemas de comportamiento comunes, ofreciendo consejos prácticos sobre cómo manejar y superar desafíos como la agresión, la ansiedad por separación y los ladridos excesivos.

Crear un pitbull feliz, saludable y bien equilibrado se extiende más allá del entrenamiento para abarcar su bienestar general. Exploraremos cómo proporcionar un entorno seguro y enriquecedor, comprendiendo la importancia de una nutrición adecuada, ejercicio y atención veterinaria regular. Al adoptar los principios de la tenencia responsable, estará equipado para satisfacer las necesidades físicas y emocionales de su pitbull, asegurando una vida plena y alegre para su compañero canino.

Ya sea que sea propietario de un pitbull por primera vez o un entusiasta experimentado, "Pitbull Harmony" es una guía holística que lo empodera con el conocimiento y las habilidades para cultivar un vínculo fuerte y armonioso con su pitbull. Juntos, navegaremos por el gratificante viaje de tener un pitbull, disipando mitos, celebrando las cualidades únicas de la raza y sentando las bases para una vida de amor, comprensión y alegría entre usted y su pitbull.

CAPÍTULO I

Entendiendo a los Pitbulls

Características e historia de la raza

Cada raza es única por su historia y características. A pesar de los estereotipos y mitos negativos que rodean a los pitbulls, el desarrollo de una perspectiva más precisa e informada requiere comprender los rasgos y la historia de la raza.

Las características de la raza juegan un papel fundamental en la definición de la naturaleza y el temperamento de los Pitbulls. Físicamente, los pitbulls son perros de tamaño mediano a grande conocidos por su complexión muscular, fuerza y agilidad. Su pelaje corto es liso y se encuentra cerca de la piel, lo que requiere un aseo mínimo. La cabeza es ancha, a menudo acompañada de una mandíbula poderosa. Si bien estos rasgos físicos pueden contribuir a su apariencia intimidante, es crucial reconocer que sus atributos físicos no determinan únicamente el comportamiento de un perro.

El temperamento es un sello distintivo de las características de la raza, y los Pitbulls son notablemente cariñosos, leales y ansiosos por complacer a sus dueños. A pesar de las representaciones negativas en los medios de comunicación, los Pitbulls bien socializados y entrenados de manera responsable son conocidos por su naturaleza gentil y amorosa. Su lealtad a sus compañeros humanos es a menudo inquebrantable, y prosperan con interacciones positivas y un sentido de pertenencia. Este temperamento afectuoso, combinado con su inteligencia, los hace altamente entrenables y receptivos al refuerzo positivo.

Históricamente, los pitbulls tienen sus raíces en la Inglaterra del siglo XIX, donde inicialmente fueron criados para cebar toros y luego utilizados como perros de captura en la caza y el trabajo agrícola. La cría tenía como objetivo combinar la fuerza del bulldog con la agilidad y tenacidad del terrier. Estos primeros Pitbulls fueron valorados por su determinación, intrepidez y capacidad para trabajar junto a los humanos. Su fuerza y atletismo los hacían muy adecuados para diversas tareas, como el pastoreo del ganado y la protección de la propiedad.

El viaje de la raza a los Estados Unidos implicó una reubicación física y un cambio de propósito. En Estados Unidos, los pitbulls se usaban a menudo como perros de granja, ayudando con la caza, cuidando el ganado y brindando compañía a las familias. Su versatilidad y adaptabilidad se hicieron evidentes a medida que pasaban de sus roles históricos en Inglaterra a nuevas responsabilidades en el cambiante panorama estadounidense.

Un capítulo histórico significativo para los Pitbulls fue su asociación con el ejército estadounidense durante la Primera Guerra Mundial. El sargento Stubby, una mezcla de pitbull, se convirtió en un notable héroe de guerra y el perro más condecorado en la historia militar. Sirviendo como mascota y levantador de moral, el sargento Stubby participó en 17 batallas y ganó varias medallas por su valentía y lealtad. Esta conexión histórica pone de relieve la capacidad de la raza para formar fuertes vínculos con los humanos y contribuir positivamente a diversos roles sociales.

Desafortunadamente, la reputación de los pitbulls empeoró a mediados del siglo XX cuando se asociaron con las peleas de perros. Individuos sin escrúpulos explotaron la fuerza física y la tenacidad de la raza con fines ilegales e inhumanos. Los medios de comunicación sensacionalizaron historias, perpetuando estereotipos negativos y contribuyendo a la idea errónea de que los Pitbulls son inherentemente agresivos. Es fundamental entender que el comportamiento de un pitbull está determinado principalmente por la tenencia responsable y que los comportamientos de un pequeño número de individuos no definen la raza en su conjunto.

En las décadas de 1980 y 1990, los pitbulls se enfrentaron a una mayor estigmatización a través de la legislación específica de la raza (BSL), que se centraba en ellos en función de su apariencia en lugar de su comportamiento individual. BSL impuso restricciones y prohibiciones a la tenencia de pitbulls en ciertas áreas, lo que llevó a la discriminación contra los dueños responsables y los perros que se comportan bien. La implementación de BSL subrayó la importancia de disipar mitos y promover una comprensión más matizada de los Pitbulls en función de sus características y comportamiento reales.

Además de ser fuertes y ágiles, los American Pit Bull Terriers son perros gregarios y amigables. El American Staffordshire Terrier es un perro brillante y adaptable que se desenvuelve bien en pruebas de agilidad y obediencia, entre otros deportes caninos.

Los pitbulls son una raza que se distingue por cualidades que van más allá de la apariencia y el temperamento, como una energía significativa y una pasión por la actividad física. Debido a que a los pitbulls les gusta jugar y hacer ejercicio, necesitan oportunidades regulares de estimulación mental y física. Jugar juegos como buscar, entrenamiento de agilidad o incluso nadar puede ayudarlos a mantenerse saludables en general y evitar actuar por aburrimiento.

La socialización es un componente crítico del comportamiento y el temperamento de los pitbulls. La socialización temprana y positiva asegura que los Pitbulls desarrollen comportamientos e interacciones apropiados con otros perros, animales y personas. A pesar de sus roles históricos como perros de trabajo, los Pitbulls son generalmente amigables y pueden coexistir armoniosamente con presentaciones adecuadas y experiencias positivas. La socialización temprana ayuda a moldear su comportamiento y contribuye a su adaptabilidad en diversos entornos.

Uno de los conceptos erróneos persistentes sobre los pitbulls gira en torno a la idea de agresión inherente. Los rasgos específicos de la raza y los roles históricos de los pitbulls deben distinguirse de las acciones de los propietarios irresponsables que pueden fomentar la agresión con fines nefastos. Numerosos estudios, incluidas las evaluaciones de la Sociedad Americana de Pruebas de Temperamento, muestran consistentemente que los Pitbulls a menudo puntúan favorablemente en las evaluaciones de temperamento. La tenencia responsable, los métodos de entrenamiento positivos y la socialización temprana juegan un papel vital en la formación del comportamiento de un pitbull y en la prevención de la agresión.

Otro aspecto destacable de la raza Pitbull es su intelecto.

Los pitbulls son famosos por su aptitud para la resolución de problemas y el aprendizaje rápido. Son muy fáciles de adiestrar por su inteligencia y su deseo de complacer a sus dueños. Los pitbulls suelen desempeñarse excepcionalmente bien en varios deportes caninos, como competiciones de agilidad, pruebas de obediencia y trabajo terapéutico. Para satisfacer sus necesidades intelectuales y detener los comportamientos relacionados con el aburrimiento, es imperativo proporcionar estimulación mental a través de juegos interactivos, juguetes de rompecabezas y sesiones de entrenamiento.

Los pitbulls son conocidos por su intenso instinto de presa, una característica de su pasado como cazadores y perros de captura. Este deseo puede afectar su comportamiento, especialmente en presencia de criaturas más pequeñas. Se necesita una socialización temprana y un entrenamiento adecuado para controlar su impulso de caza y detener los comportamientos no deseados. Aunque cada Pitbull puede reaccionar de manera diferente a diferentes situaciones, la tenencia responsable utiliza este instinto de manera responsable al aprovecharlo y guiarlo.

A pesar de los estereotipos negativos perpetuados por las representaciones de los medios de comunicación, los Pitbulls a menudo exhiben una naturaleza gentil y afectuosa, especialmente hacia los miembros de su familia humana. Su lealtad y devoción son características notables de la raza, y muchos Pitbulls son conocidos por su paciencia y tolerancia, particularmente con los niños. Los dueños responsables que entienden y aprecian estos rasgos a menudo encuentran que los Pitbulls son compañeros amorosos y leales.

La aparición de los Pitbulls es a menudo un punto de discordia, ya que sus características físicas distintivas contribuyen a las percepciones negativas. Los pitbulls suelen tener una cabeza ancha, un pelaje corto y una mandíbula fuerte. Desafortunadamente, estos rasgos físicos se han asociado injustamente con la agresión, lo que lleva a la discriminación específica de la raza. Disipar los mitos sobre el comportamiento de los perros requiere una tenencia responsable y una comprensión de las características específicas de la raza más allá de la apariencia. Reconocer que la apariencia externa de un perro por sí sola no predice su conducta es esencial.

La adaptabilidad de los Pitbulls a diversos entornos y condiciones de vida es un testimonio de su versatilidad como raza. Si bien prosperan en hogares con estilos de vida activos y amplias oportunidades de juego y ejercicio, los Pitbulls pueden adaptarse a la vida urbana o en apartamentos con suficiente estimulación mental y física. Su resiliencia y capacidad para adaptarse a diferentes situaciones resaltan su versatilidad y los convierten en compañeros adecuados para diversos estilos de vida.

En conclusión, comprender las características de la raza y la historia de los Pitbulls es esencial para disipar mitos y fomentar una percepción más precisa de este grupo diverso de perros. Si bien ciertos rasgos físicos pueden contribuir a sus roles históricos y apariencia única, es crucial reconocer que la propiedad responsable y el entrenamiento adecuado juegan un papel fundamental en la configuración del comportamiento de un pitbull. Su naturaleza afectuosa, inteligencia, lealtad y adaptabilidad hacen que los Pitbulls sean capaces de formar vínculos profundos con sus compañeros humanos. Al desafiar los conceptos erróneos y promover la tenencia responsable, la verdadera esencia de los Pitbulls como compañeros amorosos y leales puede brillar, contribuyendo a una imagen más positiva de esta raza incomprendida.

Conceptos erróneos comunes

Desafortunadamente, los conceptos erróneos comunes sobre los pitbulls contribuyen a la discriminación y las actitudes desfavorables que enfrenta este grupo diverso de razas, que incluye el American Pit Bull Terrier, el Staffordshire Bull Terrier y el American Staffordshire Terrier. Los pitbulls son famosos por su calidez, devoción y flexibilidad, pero también suelen ser el foco de falsedades que incitan a la intolerancia y la ansiedad. Para fomentar la propiedad responsable y las relaciones constructivas dentro de la comunidad, se deben abordar estos mitos, desafiar las creencias preconcebidas y desarrollar una comprensión más precisa de los pitbulls.

Un concepto erróneo que prevalece sobre los Pitbulls es la creencia de que son inherentemente agresivos y peligrosos. Este estereotipo tiene sus raíces en los malos usos históricos de la raza para las peleas de perros, una práctica cruel que explotó su fuerza y tenacidad. Sin embargo, separar las acciones de los individuos irresponsables de la naturaleza inherente de la raza es crucial. Numerosos estudios, incluidas las evaluaciones de la Sociedad Americana de Pruebas de Temperamento, muestran consistentemente que los Pitbulls a menudo puntúan favorablemente en las evaluaciones de temperamento. El estigma asociado con la agresión eclipsa el temperamento afectuoso natural de la raza y la lealtad a sus compañeros humanos.

Otro concepto erróneo común es la suposición de que los pitbulls tienen un mecanismo de "mandíbula de bloqueo", lo que los hace más peligrosos durante las mordeduras. Esta noción debe basarse en la evidencia científica y en un mayor apoyo de expertos veterinarios y caninos. Todos los perros, independientemente de su raza, tienen mandíbulas que funcionan de manera similar, y la idea de una "mandíbula de bloqueo" es un mito. Los pitbulls poseen mandíbulas fuertes, un rasgo históricamente valioso en sus roles como cazadores y perros de captura. Sin embargo, esta característica no los hace excepcionalmente peligrosos o propensos a fijarse en sus objetivos.

También está muy extendida la idea errónea de que los Pitbulls no son mascotas familiares adecuadas. En realidad, muchos Pitbulls son conocidos por su naturaleza gentil y cariñosa, lo que los convierte en excelentes compañeros familiares. Su lealtad a los miembros humanos de su familia, junto con su paciencia y tolerancia, especialmente con los niños, desafía la idea errónea de que los pitbulls no están seguros con las familias. La tenencia responsable, la socialización adecuada y el entrenamiento positivo juegan un papel importante en la configuración del comportamiento de un pitbull y en garantizar su compatibilidad con la vida familiar.

La palabra "Pitbull" se usa con frecuencia como sustantivo colectivo para referirse a varias razas, lo que causa malentendidos y confusión. Como se señaló anteriormente, como cada raza tiene cualidades y atributos únicos, agruparlos bajo una sola palabra conduce a la confusión y la simplificación excesiva. Para una comprensión más compleja de estas razas, es imperativo reconocer la variación dentro de la denominación "Pitbull".

Un concepto erróneo frecuente es que los pitbulls tienen una mayor probabilidad de mostrar agresión hacia los humanos en comparación con otras razas. Los estudios creíbles no respaldan esta creencia y, de hecho, los pitbulls a menudo exhiben temperamentos favorables en las evaluaciones. La agresión no es un rasgo específico de la raza, sino más bien el resultado de varios factores, como el temperamento, la socialización, el entrenamiento y la influencia del propietario. Las prácticas de tenencia responsable, la socialización temprana y el entrenamiento de refuerzo positivo son elementos críticos para prevenir la agresión en cualquier raza de perro, incluidos los pitbulls.

La legislación específica de la raza (BSL, por sus siglas en inglés) es otro concepto erróneo que afecta negativamente a los Pitbulls. BSL a menudo se dirige a los perros en función de la apariencia física en lugar del comportamiento individual, lo que lleva a restricciones y prohibiciones en ciertas áreas. Numerosos estudios han demostrado que el BSL es ineficaz para reducir las mordeduras de perro o mejorar la seguridad pública. La educación, la tenencia responsable y la participación de la comunidad son estrategias más efectivas para promover la tenencia responsable de perros y garantizar la seguridad pública.

Un mito muy extendido es que los pitbulls tienen una mayor fuerza de mordida que otras razas de perros. Esta afirmación no está respaldada por evidencia científica, y la idea de que la fuerza de mordida de un perro se correlaciona con su agresión es engañosa. Varios factores influyen en la fuerza de mordida, incluida la anatomía de la mandíbula, el tamaño y la fuerza individual. Los estudios que comparan las fuerzas de mordida de diferentes razas han mostrado variaciones significativas, y no hay evidencia concluyente de que los Pitbulls posean una fuerza de mordida extraordinaria o peligrosa.

La idea errónea de que los Pitbulls no son adecuados para el entrenamiento o el trabajo de obediencia se contradice con su inteligencia y afán de complacer. Los pitbulls son conocidos por sus habilidades de aprendizaje rápido, habilidades para resolver problemas y versatilidad en diversas actividades caninas. Con métodos de entrenamiento de refuerzo positivo, orientación constante y socialización adecuada, los pitbulls pueden sobresalir en pruebas de obediencia, competencias de agilidad e incluso trabajo de terapia. Descartar su capacidad de adiestramiento basándose en estereotipos pasa por alto la inteligencia de la raza y su potencial para contribuciones positivas.

Los pitbulls a menudo se etiquetan incorrectamente como impredecibles, y este concepto erróneo contribuye al miedo y la aprensión que rodean a la raza. En realidad, un Pitbull bien socializado y entrenado de manera responsable es generalmente predecible en su comportamiento, al igual que cualquier otro perro bien entrenado. Comprender y respetar la personalidad, las preferencias y las experiencias de un pitbull es esencial para crear interacciones positivas. Los estereotipos basados en el miedo perpetúan un ciclo de malentendidos, lo que obstaculiza el potencial de relaciones positivas entre los pitbulls y la comunidad en general.

Uno de los conceptos erróneos más dañinos es la creencia de que los Pitbulls son más propensos a la "agresión repentina" o a "chasquear" sin previo aviso. Esta noción tergiversa la raza y retrata injustamente a los Pitbulls como impredecibles y peligrosos. Los perros, incluidos los pitbulls, se comunican utilizando el lenguaje corporal y las vocalizaciones para expresar sus sentimientos e intenciones. La agresión repentina suele ser el resultado de una mala interpretación, miedo o factores externos. Reconocer y comprender las señales de comunicación de un pitbull es crucial para evitar malentendidos y fomentar interacciones seguras.

Numerosos ejemplos de hogares con varias mascotas bien socializados y armoniosos desafían la idea errónea de que los pitbulls no pueden coexistir pacíficamente con otras mascotas. Si bien algunos pitbulls pueden tener un mayor instinto de presa, la socialización temprana y las presentaciones adecuadas pueden ayudarlos a coexistir con otros animales. El temperamento individual, el entrenamiento y la tenencia responsable son fundamentales para determinar la compatibilidad de un Pitbull con otras mascotas. Asumir que todos los pitbulls son inherentemente agresivos hacia otros animales simplifica demasiado su comportamiento y descuida la importancia de la variación individual.

La representación que hacen los medios de comunicación de los pitbulls a menudo contribuye a conceptos erróneos, enfatizando historias sensacionalistas y destacando incidentes adversos mientras descuidan los ejemplos positivos. Los incidentes específicos de la raza no son exclusivos de los Pitbulls, y centrarse en incidentes aislados perpetúa el sesgo. El periodismo responsable debe esforzarse por proporcionar una representación equilibrada y precisa de los Pitbulls, mostrando sus cualidades positivas, contribuciones y la diversidad dentro de la raza. La representación positiva de los medios de comunicación es crucial para desafiar los conceptos erróneos y promover una comprensión justa de los pitbulls.

En conclusión, abordar y disipar los conceptos erróneos comunes con respecto a los Pitbulls es esencial para promover la tenencia responsable, las interacciones positivas y el trato justo de estas razas diversas y amorosas. Los estereotipos negativos que rodean a los pitbulls a menudo se derivan de malos usos históricos, representaciones sensacionalistas de los medios de comunicación y una falta de comprensión de la variación individual dentro de la raza. Al acabar con estos conceptos erróneos y promover opiniones informadas, podemos contribuir a desarrollar una atmósfera más tolerante y compasiva para los pitbulls en nuestras comunidades locales. Las buenas interacciones, la educación y la propiedad responsable son cruciales para desmantelar los obstáculos creados por estereotipos incorrectos y fomentar un conocimiento más preciso de los Pitbulls.

Mitos sobre los Pitbull vs. Realidad

"Pitbull" a menudo invoca emociones y opiniones sólidas alimentadas por mitos y conceptos erróneos que rodean a esta raza incomprendida. Sin embargo, la realidad de los pitbulls desafía estos estereotipos, revelando una raza caracterizada por la lealtad, el cariño y la versatilidad. Al examinar la verdadera naturaleza de los Pitbulls, podemos disipar los conceptos erróneos que los rodean y fomentar una comprensión más precisa de este grupo diverso e incomprendido de perros.

Uno de los conceptos erróneos predominantes sobre los pitbulls es la noción de agresión inherente. Contrariamente a la creencia popular, la agresión no es un rasgo específico de la raza, y los estudios demuestran consistentemente que los Pitbulls bien socializados y entrenados de manera responsable pueden exhibir un comportamiento amistoso y gentil. Al igual que cualquier otra raza de perro, las experiencias hereditarias, ambientales y personales tienen un impacto significativo en el temperamento de un pitbull. El comportamiento de un pitbull puede verse muy influenciado por la tenencia responsable, el entrenamiento adecuado y la socialización positiva, todo lo cual lo ayuda a convertirse en mascotas devotas y amorosas.

Otro mito que persiste en la conciencia pública es la creencia en un mecanismo de "mandíbula de bloqueo" atribuido a los Pitbulls. Esta noción, a menudo citada como una razón para su peligro percibido, carece de base científica. La anatomía de la mandíbula de un pitbull no es diferente de la de otras razas de perros, y los expertos veterinarios y caninos han desacreditado las afirmaciones de un mecanismo de bloqueo. Los pitbulls poseen mandíbulas fuertes, una característica históricamente valiosa por su papel como perros de captura. Sin embargo, este rasgo físico no los hace excepcionalmente peligrosos o propensos a causar mordeduras más graves que otras razas.

El estereotipo de que los Pitbulls no son mascotas familiares adecuadas contradice la realidad que viven innumerables familias que comparten su vida con estos perros. Muchos Pitbulls son conocidos por su naturaleza gentil y cariñosa, lo que los convierte en excelentes compañeros familiares. Su lealtad a los miembros humanos de su familia, junto con su paciencia y tolerancia, especialmente con los niños, desafía la idea errónea de que los pitbulls no están seguros con las familias. Las prácticas de propiedad responsable, la socialización temprana y el entrenamiento positivo juegan un papel importante en la formación del comportamiento de un pitbull y en garantizar su compatibilidad con la vida familiar.

"Pitbull" a menudo se usa genéricamente, lo que contribuye a la simplificación excesiva y los malentendidos. La etiqueta incluye varias razas distintas, cada una con sus características y rasgos. Aunque todos están incluidos en la categoría de razas Pitbull, el American Pit Bull Terrier, el Staffordshire Bull Terrier y el American Staffordshire Terrier tienen características distintivas que hacen que agruparlos a todos en la misma categoría sea inexacto. Para una comprensión más compleja de estas razas, es imperativo reconocer la variación dentro de la denominación "Pitbull".

La legislación específica de la raza (BSL, por sus siglas en inglés) es una respuesta equivocada a los conceptos erróneos sobre los Pitbulls y contribuye a su discriminación injusta. BSL se dirige a los perros en función de la apariencia física en lugar del comportamiento individual, lo que lleva a restricciones y prohibiciones en ciertas áreas. Este método señala injustamente a los dueños de perros concienzudos y a los caninos que se comportan bien, al tiempo que ignora las razones subyacentes de los casos que involucran a los perros. Varios estudios han demostrado que el BSL tiene poco efecto en la reducción del número de mordeduras de perro o en la mejora de la seguridad pública. Las tácticas más exitosas para fomentar la tenencia ética de perros y garantizar la seguridad pública incluyen la educación, la tenencia responsable y la participación de la comunidad.

El mito de que los pitbulls tienen una mayor probabilidad de mostrar agresión hacia los humanos en comparación con otras razas no está respaldado por estudios creíbles. Los pitbulls a menudo exhiben temperamentos favorables en las evaluaciones, y la agresión no es un rasgo específico de la raza. La atención debe centrarse en el temperamento individual, la socialización, el entrenamiento y la propiedad responsable en lugar de perpetuar los estereotipos basados en la raza. Al reconocer la individualidad de cada perro y abordar sus necesidades en consecuencia, la tenencia responsable puede prevenir la agresión en cualquier raza, incluidos los pitbulls.

Los pitbulls, como cualquier raza inteligente y entrenable, deberían ser más reconocidos en cuanto a su capacidad de adiestramiento y obediencia. La realidad es que los Pitbulls son conocidos por sus habilidades de aprendizaje rápido, sus habilidades para resolver problemas y su afán por complacer. Con métodos de entrenamiento de refuerzo positivo, orientación constante y socialización adecuada, los pitbulls pueden sobresalir en pruebas de obediencia, competencias de agilidad e incluso trabajo de terapia. Descartar su capacidad de adiestramiento basándose en estereotipos pasa por alto la inteligencia de la raza y su potencial para contribuciones positivas.

Abordar los conceptos erróneos que rodean a los pitbulls también implica desacreditar la idea de que estos perros son impredecibles y peligrosos. En realidad, un Pitbull bien socializado y entrenado de manera responsable es generalmente predecible en su comportamiento, al igual que cualquier otro perro bien entrenado. Comprender y respetar la personalidad, las preferencias y las experiencias de un pitbull es esencial para crear interacciones positivas. Los estereotipos basados en el miedo perpetúan un ciclo de malentendidos, lo que obstaculiza el potencial de relaciones positivas entre los pitbulls y la comunidad en general.

Otro concepto erróneo dañino es la creencia de que los Pitbulls son más propensos a la "agresión repentina" o "chasquido" sin previo aviso. Esta noción tergiversa la raza y retrata injustamente a los Pitbulls como impredecibles y peligrosos. Los perros, incluidos los pitbulls, se comunican utilizando el lenguaje corporal y las vocalizaciones para expresar sus sentimientos e intenciones. La agresión repentina suele ser el resultado de una mala interpretación, miedo o factores externos. Reconocer y comprender las señales de comunicación de un pitbull es crucial para evitar malentendidos y fomentar interacciones seguras.

Numerosos ejemplos de hogares con varias mascotas bien socializados y armoniosos desafían la idea errónea de que los pitbulls no pueden coexistir pacíficamente con otras mascotas. Si bien algunos pitbulls pueden tener un mayor instinto de presa, la socialización temprana y las presentaciones adecuadas pueden ayudarlos a coexistir con otros animales. El temperamento individual, el entrenamiento y la tenencia responsable son fundamentales para determinar la compatibilidad de un Pitbull con otras mascotas. Asumir que todos los pitbulls son inherentemente agresivos hacia otros animales simplifica demasiado su comportamiento y descuida la importancia de la variación individual.

La representación de los pitbulls en los medios de comunicación a menudo refuerza los estereotipos negativos, enfatizando las historias sensacionalistas y destacando los incidentes adversos mientras se descuidan los ejemplos positivos. Los incidentes específicos de la raza no son exclusivos de los Pitbulls, y centrarse en incidentes aislados perpetúa el sesgo. El periodismo responsable debe esforzarse por proporcionar una representación equilibrada y precisa de los Pitbulls, mostrando sus cualidades positivas, contribuciones y la diversidad dentro de la raza. La representación positiva de los medios de comunicación es crucial para desafiar los conceptos erróneos y promover una comprensión justa de los pitbulls.

En conclusión, la realidad de los pitbulls desafía los estereotipos y conceptos erróneos que rodean a este grupo diverso y amoroso de razas. Al reconocer su lealtad, naturaleza afectuosa y versatilidad, podemos ir más allá de los temores infundados que han llevado a la discriminación específica de la raza. La propiedad responsable, la educación y las interacciones positivas son elementos clave para fomentar una comprensión más precisa de los pitbulls y desmantelar las barreras creadas por estereotipos infundados. A medida que aceptamos la realidad de los pitbulls, contribuimos a un tratamiento más inclusivo y compasivo de estos perros incomprendidos dentro de nuestras comunidades.

CAPÍTULO II

La psicología de los pitbulls

Comprender el comportamiento canino

Comprender el comportamiento canino es una tarea compleja y multifacética que requiere un enfoque matizado para desentrañar las complejidades de la mente canina. Como descendientes domesticados de los lobos, los perros han evolucionado junto a los humanos durante miles de años, formando intrincadas estructuras sociales y sistemas de comunicación que los distinguen de sus antepasados salvajes. Explorar el comportamiento canino implica profundizar en varios factores, como la genética, el entorno, el entrenamiento y el temperamento individual.

El comportamiento canino está influenciado principalmente por la genética. A lo largo de muchas décadas, ciertas razas de perros se han cultivado cuidadosamente para resaltar cualidades como las inclinaciones de protección, la destreza en la recuperación o las características de pastoreo. Estas predisposiciones genéticas contribuyen significativamente al comportamiento de un perro, moldeando su temperamento e inclinaciones naturales. Por ejemplo, las razas de pastoreo pueden tener un fuerte deseo de perseguir y controlar objetos en movimiento, mientras que las razas de recuperación pueden tener un amor inherente por buscar objetos.

El entorno en el que se cría un perro y su vida juegan un papel crucial en la configuración de su comportamiento. Las experiencias tempranas y la socialización durante el período crítico de desarrollo de un cachorro, generalmente entre tres y catorce semanas, afectan su comportamiento a lo largo de la vida. La exposición positiva a diversas personas, entornos y estímulos durante este período ayuda a los cachorros a convertirse en adultos bien adaptados capaces de navegar por las complejidades del mundo humano. La falta de socialización o las experiencias negativas durante esta fase crítica pueden dar lugar a problemas de comportamiento, como miedo, agresión o ansiedad.

El entrenamiento es otro factor fundamental para comprender y moldear el comportamiento canino. Los perros prosperan con la consistencia, el refuerzo positivo y la comunicación clara con sus compañeros humanos. Se ha demostrado que el refuerzo positivo, que consiste en recompensar las conductas deseadas, es un método de entrenamiento muy eficaz. Por el contrario, los enfoques basados en el castigo pueden provocar miedo, ansiedad y respuestas potencialmente agresivas. Los caninos tienen un gran deseo de complacer a sus dueños, y se fomenta un vínculo profundo y un entendimiento mutuo entre los caninos y sus compañeros humanos a través de buenas y gratificantes experiencias de entrenamiento.

La comunicación es una piedra angular del comportamiento canino, y los perros utilizan una variedad de señales para transmitir sus emociones, intenciones y respuestas. El lenguaje corporal, las vocalizaciones y las expresiones faciales son componentes de la comunicación canina. Comprender estas señales es vital para interpretar la mente de un perro y evitar malentendidos que provoquen conflictos o estrés. Por ejemplo, mover la cola puede indicar emoción o amabilidad, pero también puede indicar ansiedad o miedo si va acompañado de otras señales de estrés. Del mismo modo, el gruñido es una forma de comunicación que expresa incomodidad o deseo de que te dejen solo.

La estructura social y la jerarquía son parte integral del comportamiento canino, arraigado en sus orígenes ancestrales de manada de lobos. Si bien los perros domésticos se han adaptado a vivir en hogares humanos, la influencia de la dinámica de la manada persiste. Los perros a menudo exhiben comportamientos sociales que reflejan su comprensión de la jerarquía y las relaciones dentro de su familia humana o con otros perros.

Reconocer y respetar la necesidad de estructura y liderazgo de un perro puede contribuir a una relación armoniosa y equilibrada.

El concepto de dominancia ha sido un debate y un concepto erróneo en la comprensión del comportamiento canino. Los puntos de vista tradicionales a menudo enmarcaban a los perros como una competencia constante por el dominio dentro de sus hogares, promoviendo métodos de entrenamiento basados en el dominio. Sin embargo, los estudios modernos y las opiniones de expertos desafían esta noción, enfatizando la importancia del refuerzo positivo y la cooperación en lugar de un paradigma de dominación-sumisión.

La agresión es un comportamiento que requiere una cuidadosa consideración en la comprensión del comportamiento canino. Si bien la agresión es un comportamiento natural en los perros, puede manifestarse por varias razones, como el miedo, los instintos territoriales, la posesividad o la frustración. La agresión nunca debe descartarse ni trivializarse, y abordar sus causas fundamentales es crucial para crear un entorno seguro para el perro y sus compañeros humanos. Cuando se trata de una agresión, es aconsejable consultar con un adiestrador de perros profesional o un conductista, ya que pueden evaluar los desencadenantes específicos y diseñar un plan de modificación de comportamiento a medida.

El comportamiento canino también está influenciado por la edad y las etapas de vida del perro. Los cachorros, por ejemplo, pueden mostrar comportamientos de exploración, alegría y dentición. La adolescencia trae consigo cambios hormonales que pueden resultar en una mayor independencia y en la puesta a prueba de los límites. Comprender las etapas de desarrollo de los perros ayuda a manejar su comportamiento de manera efectiva y empática. Además, reconocer que los perros mayores pueden experimentar cambios en el comportamiento debido a factores relacionados con la edad, como la artritis o el deterioro cognitivo, permite realizar ajustes adecuados en el cuidado y el entrenamiento.

La ansiedad por separación es frecuente en la comprensión del comportamiento canino, especialmente para los perros que se quedan solos durante períodos prolongados. Los comportamientos destructivos, los ladridos excesivos o la suciedad de la casa pueden ser el resultado de la ansiedad por separación. Prevenir y abordar la ansiedad por separación implica aclimatar gradualmente a los perros a estar solos, proporcionarles estimulación mental y asegurarse de que asocien los períodos de soledad con experiencias positivas.

El comportamiento canino también puede verse influenciado por factores relacionados con la salud. Los cambios de comportamiento pueden ser el resultado de problemas médicos subyacentes, malestar físico o dolor. Las acciones inusuales o un aumento brusco de la agresión en un perro podrían ser signos de un problema de salud. La salud general de un perro depende de los exámenes veterinarios de rutina y de la reacción rápida a cualquier cambio de comportamiento. Las razas juegan un papel importante en la configuración del comportamiento canino, pero es esencial reconocer la individualidad de cada perro. Si bien ciertas razas pueden predisponer a comportamientos específicos, como el pastoreo o la recuperación, el temperamento individual varía ampliamente. Factores como la socialización temprana, el entrenamiento y el entorno contribuyen significativamente al comportamiento de un perro, enfatizando la importancia de mirar más allá de los estereotipos de la raza.

Comprender el papel del miedo en el comportamiento canino es crucial para promover interacciones positivas y prevenir problemas de comportamiento. Los perros expuestos constantemente a estímulos que inducen miedo sin la desensibilización y el contracondicionamiento adecuados pueden desarrollar ansiedades duraderas. Reconocer y abordar los comportamientos basados en el miedo con paciencia, refuerzo positivo y exposición gradual es esencial para fomentar una sensación de seguridad en los perros.

Proporcionar estimulación mental a los perros a menudo se subestima en la comprensión del comportamiento canino. Los perros son seres inteligentes que requieren desafíos mentales para evitar el aburrimiento y los problemas de comportamiento relacionados. Los juguetes de rompecabezas, los juegos interactivos y las sesiones de entrenamiento involucran las habilidades cognitivas de un perro, promoviendo el bienestar mental. La estimulación mental es particularmente crucial para las razas con altos niveles de inteligencia y energía, ya que evita el desarrollo de comportamientos destructivos nacidos del aburrimiento.

El comportamiento canino está formado por el vínculo entre los perros y sus compañeros humanos. El vínculo humano-perro es recíproco, ya que los perros ofrecen amor incondicional, lealtad y amistad a cambio de cuidado, atención e interacciones positivas. Fomentar este vínculo a través de la interacción regular, el juego y las actividades compartidas fortalece la conexión emocional entre los perros y sus dueños.

En conclusión, comprender el comportamiento canino es un proceso multifacético y dinámico que involucra la genética, el entorno, el entrenamiento, la comunicación y el temperamento individual. Los perros son seres sintientes con vidas emocionales complejas, e interpretar sus comportamientos requiere una mezcla de empatía, observación y conocimiento. Reconocer la influencia de varios factores en el comportamiento canino permite la tenencia responsable de mascotas y fomenta relaciones positivas entre los perros y sus compañeros humanos. Al abordar el comportamiento canino con una perspectiva holística, los individuos pueden crear entornos que promuevan el bienestar y la felicidad de sus compañeros caninos, asegurando una relación satisfactoria y armoniosa para ambas partes.

Rasgos específicos de la raza

Explorar los rasgos específicos de la raza de los Pitbulls implica desentrañar las características únicas que definen a estos perros, que a menudo se malinterpretan debido a los mitos y conceptos erróneos predominantes. Cada una de estas razas tiene sus rasgos distintivos, sin embargo, algunos puntos en común contribuyen a la percepción general de los Pitbulls.

Un rasgo notable específico de la raza de los Pitbulls es su fuerza física y su complexión muscular. Los pitbulls son perros de tamaño mediano a grande con apariencias robustas y atléticas. Sus músculos bien definidos y su complexión poderosa reflejan sus roles históricos como perros de trabajo, particularmente en actividades como el cebo de toros y, más tarde, como perros de captura en la caza y el trabajo agrícola. Esta fuerza física a menudo se malinterpreta, lo que lleva a la idea errónea de que los pitbulls son inherentemente agresivos. En realidad, su fuerza es producto de la cría selectiva para tareas específicas más que de una predisposición a la violencia.

El temperamento es un aspecto crucial de los rasgos específicos de la raza, y los pitbulls son conocidos por su naturaleza afectuosa y su lealtad a sus compañeros humanos. A pesar de los estereotipos negativos perpetuados por las representaciones de los medios de comunicación, los Pitbulls bien socializados y entrenados de manera responsable pueden ser increíblemente gentiles y cariñosos. Los pitbulls están entusiasmados con participar en diversas actividades porque desean complacer a sus dueños, y muchos son excelentes en el entrenamiento de agilidad y obediencia. Las relaciones sólidas se forman con frecuencia por el compromiso y la devoción de los Pitbulls a sus familias, y son bien conocidos por ser increíblemente maravillosos con los niños, mostrándoles paciencia y afecto.

Otro rasgo específico de la raza de los Pitbulls es su alto nivel de energía y entusiasmo por las actividades físicas. Los pitbulls son una raza activa y juguetona que prospera con el ejercicio regular y la estimulación mental. Jugar a buscar, entrenar agilidad o incluso nadar con ellos les ayuda a mantenerse en forma físicamente y les da algo que hacer con su energía. Esta cualidad ayuda a crear un Pitbull equilibrado y feliz cuando se usa adecuadamente. Sin embargo, descuidar sus requerimientos de actividad puede conducir a comportamientos asociados con el aburrimiento, lo que pone de manifiesto lo crucial que es un estilo de vida activo para esta especie.

La socialización es un aspecto crucial del comportamiento de los pitbulls que influye en sus interacciones con otros perros y personas. La socialización temprana y positiva es vital para que los pitbulls desarrollen un comportamiento adecuado y prevengan posibles problemas. Los pitbulls son generalmente conocidos por su naturaleza amistosa y, con presentaciones adecuadas y experiencias positivas, pueden coexistir armoniosamente con otras mascotas y animales. Sin embargo, debido a su historia como perros de trabajo y a su instinto innato de presa, se recomienda una supervisión cuidadosa cuando se les presenta a mascotas más pequeñas.

La historia del Pitbull como perro de pelea ha influido en algunos rasgos específicos de la raza relacionados con la agresión canina. Si bien es cierto que individuos específicos dentro de la raza pueden mostrar tendencias agresivas hacia otros perros, es esencial enfatizar que la agresión no es un rasgo universal para todos los Pitbulls. La Sociedad Americana de Pruebas de Temperamento, que evalúa el temperamento de varias razas de perros, ha encontrado consistentemente que los Pitbulls puntúan favorablemente, a menudo superando a razas populares como Beagles y Chihuahuas.

La inteligencia de los Pitbulls es otro rasgo específico de la raza que contribuye a su versatilidad. Los pitbulls son conocidos por sus habilidades de aprendizaje rápido y resolución de problemas. Su pasión por agradar y su inteligencia los hacen muy entrenables. Les va excepcionalmente bien en varios deportes caninos, como pruebas de agilidad, concursos de obediencia y trabajo terapéutico. Para satisfacer sus necesidades intelectuales y detener los comportamientos relacionados con el aburrimiento, es imperativo proporcionar estimulación mental a través de juegos interactivos, juguetes de rompecabezas y sesiones de entrenamiento.

Debido a su ascendencia como cazadores y perros de captura, los pitbulls son conocidos por tener un fuerte instinto de presa. Este deseo puede afectar la forma en que se comportan, particularmente en presencia de criaturas más pequeñas. Controlar su instinto de caza y poner fin a los comportamientos indeseables requiere una socialización temprana y un entrenamiento adecuado. Si bien el Pitbull puede responder a los estímulos de manera diferente, un dueño responsable puede mantener y fomentar esta inclinación.

Una característica notable de los Pitbulls es su apariencia distintiva, a menudo marcada por una cabeza ancha, pelaje corto y una mandíbula fuerte. La aparición de los Pitbulls ha contribuido a su imagen negativa, ya que algunas personas asocian sus rasgos físicos con la agresividad. Sin embargo, es esencial reconocer que la apariencia física por sí sola no determina el comportamiento, y los estereotipos negativos que rodean a los Pitbulls basados en su apariencia son infundados. La tenencia responsable y la comprensión de los rasgos específicos de la raza más allá de la apariencia son cruciales para desmantelar conceptos erróneos y fomentar percepciones positivas de los Pitbulls.

La adaptabilidad de los pitbulls a diversos entornos y condiciones de vida es otro rasgo específico de la raza que vale la pena señalar. Si bien prosperan en hogares con estilos de vida activos, pueden adaptarse a la vida urbana o en apartamentos con suficiente ejercicio y estimulación mental. Los pitbulls son conocidos por su resistencia y capacidad para adaptarse a diferentes situaciones, un testimonio de su versatilidad como raza. Su adaptabilidad y naturaleza afectuosa los convierten en compañeros adecuados para diversas familias e individuos.

Es esencial abordar la discusión de los rasgos específicos de la raza con una comprensión de la influencia de la variación individual. Si bien las características específicas pueden ser compartidas entre los Pitbulls como raza, los perros individuales exhibirán personalidades únicas moldeadas por la genética, la educación y las experiencias. Las prácticas de cría responsables, la socialización temprana, los métodos de entrenamiento positivos y el cuidado atento fomentan rasgos deseables específicos de la raza en los Pitbulls.

En conclusión, comprender los rasgos específicos de la raza de los Pitbulls va más allá de desacreditar mitos y estereotipos. Implica reconocer la naturaleza multifacética de estos perros, apreciar sus roles históricos y reconocer la variación individual dentro de la raza. Los pitbulls se caracterizan por su fuerza física, temperamento cariñoso, altos niveles de energía y adaptabilidad. Cuando se crían, entrenan y socializan de manera responsable, los pitbulls pueden ser compañeros sobresalientes, disipando conceptos erróneos y contribuyendo positivamente al diverso mundo de la compañía canina.

Construyendo una conexión con tu Pitbull

Comprender las características distintivas de la raza, desarrollar la confianza y crear un ambiente feliz para el perro y su dueño son necesarios para forjar un vínculo sólido y significativo con su Pitbull. Cada una de estas razas comparte características específicas que, cuando se reconocen y respetan, pueden allanar el camino para un vínculo profundo y satisfactorio.

En primer lugar, reconocer los rasgos específicos de la raza de los pitbulls es crucial para construir una conexión basada en la comprensión y la empatía. Los pitbulls a menudo son incomprendidos debido a los mitos y conceptos erróneos predominantes, particularmente con respecto a su temperamento. Contrariamente a los estereotipos negativos perpetuados por las representaciones de los medios de comunicación, los Pitbulls son conocidos por su naturaleza afectuosa y su lealtad a sus compañeros humanos. Prosperan con interacciones positivas, y su afán por complacer los hace receptivos a formar vínculos fuertes. Comprender su fuerza física, altos niveles de energía e inteligencia es esencial para adaptar las interacciones y actividades que se alinean con los rasgos específicos de su raza.

Cualquier relación genuina con un perro, incluido un Pitbull, se basa en la confianza. Las interacciones positivas y consistentes son esenciales para generar confianza, especialmente en las primeras fases de una relación. Generar confianza y recompensar el comportamiento positivo con comida, cumplidos o juegos se conoce como refuerzo positivo, y es una estrategia muy efectiva para hacer ambas cosas. Los pitbulls están felices de ser elogiados, y este método fortalece el vínculo entre el perro y el dueño al fomentar la cooperación y la sensación de seguridad. La socialización es fundamental para establecer una conexión con un pitbull y desempeña un papel fundamental en la configuración de su comportamiento. La socialización temprana y positiva expone a los pitbulls a diversas personas, entornos y estímulos, lo que les ayuda a convertirse en adultos bien adaptados. La socialización mejora su adaptabilidad y contribuye a un comportamiento más seguro y amistoso. Presentarle a tu Pitbull diferentes experiencias, como conocer a otros perros, encontrar varios sonidos e interactuar con diferentes personas, lo ayuda a construir asociaciones positivas y reduce la probabilidad de comportamientos basados en el miedo.

La formación coherente y positiva es esencial para el entendimiento mutuo y la comunicación. Los pitbulls son muy fáciles de entrenar con la actitud correcta porque son inteligentes y están ansiosos por complacer. Los métodos de entrenamiento de refuerzo positivo, en los que se recompensan los comportamientos deseados, crean un entorno de aprendizaje positivo y fortalecen el vínculo entre el perro y su dueño. Las sesiones de entrenamiento deben ser agradables y atractivas, incorporando una combinación de comandos de obediencia, juegos interactivos y actividades de estimulación mental. Esto mejora las habilidades del Pitbull y profundiza la conexión a través de experiencias compartidas y aprendizaje colaborativo.

Crear un ambiente positivo y enriquecedor es primordial para construir una conexión sólida con un pitbull. Los perros, incluidos los pitbulls, prosperan en entornos en los que se sienten seguros, estimulados y amados. Proporcionar un espacio cómodo y seguro y servicios esenciales como una nutrición adecuada, atención veterinaria y aseo contribuye al bienestar general del perro. El ejercicio regular es necesario para los Pitbulls, dados sus altos niveles de energía. Participar en caminatas diarias, sesiones de juego y juguetes interactivos satisface sus necesidades físicas y fortalece el vínculo entre el perro y su dueño.

El tiempo y la calidad de las interacciones son fundamentales para construir una conexión duradera con un Pitbull. Los perros, por naturaleza, son animales sociales que anhelan compañía y atención. Pasar tiempo de calidad con tu pitbull a través del juego, los paseos o la simple relajación fomenta una sensación de conexión y refuerza su vínculo. Las interacciones positivas crean asociaciones positivas; Cuanto más tiempo se invierta en construir una conexión, más fuerte se volverá el vínculo. Comprender las preferencias individuales y la personalidad de su pitbull permite interacciones personalizadas que resuenan con sus rasgos y preferencias únicos.

Los pitbulls a menudo se enfrentan a una discriminación injusta debido a la legislación específica de la raza (BSL) y a los estereotipos negativos. Construir una conexión con tu Pitbull implica abogar por la raza y desafiar los conceptos erróneos. Al ser un propietario responsable y concienzudo de Pitbull, contribuyes a cambiar las percepciones del público y a fomentar una imagen positiva de la raza. Participar en eventos comunitarios, educar a otros sobre los pitbulls y mostrar sus atributos positivos son formas de participar en la defensa de la raza y disipar los mitos de manera activa.

La salud y el bienestar son componentes integrales de la construcción de una conexión con tu Pitbull. Los chequeos veterinarios regulares, la nutrición adecuada y los cuidados preventivos garantizan que su Pitbull esté en óptimas condiciones de salud. Abordar los problemas de salud con prontitud demuestra su compromiso con el bienestar de su perro y contribuye a una vida más larga y feliz juntos. Controlar su peso, su salud dental y sus necesidades de aseo son aspectos esenciales de la tenencia responsable que mejoran la conexión entre usted y su Pitbull.

Comprender la historia y el patrimonio de la raza es otra dimensión que profundiza la conexión entre los dueños de Pitbull y sus perros. Los pitbulls tienen una rica historia como perros de trabajo, participando en diversas funciones como la caza, el pastoreo e incluso como perros de terapia. Reconocer y apreciar la versatilidad y resistencia de la raza agrega una capa de comprensión a la conexión, destacando el valor intrínseco de los Pitbulls más allá de los estereotipos negativos. Aprender sobre la historia de la raza también puede proporcionar información sobre comportamientos y rasgos específicos arraigados en su herencia.

La paciencia y la empatía son virtudes que juegan un papel crucial en la construcción de una conexión con un pitbull. Cada perro tiene su personalidad, experiencias y respuestas a diversas situaciones. Los pitbulls, en particular, pueden haber enfrentado desafíos debido a los estereotipos específicos de la raza, y se necesita paciencia para ayudarlos a superar cualquier miedo o ansiedad asociados con estos conceptos erróneos. La empatía implica comprender el mundo desde la perspectiva de tu pitbull, reconocer sus necesidades y responder a sus emociones con amabilidad y compasión.

La tenencia responsable es una piedra angular para construir una conexión con un Pitbull que va más allá del vínculo individual. Esto implica cumplir con las regulaciones locales, proporcionar un entrenamiento y socialización adecuados, y garantizar la seguridad de su perro y de la comunidad. La tenencia responsable de Pitbull se extiende a la esterilización o castración para evitar la sobrepoblación, asegurando una identificación adecuada a través de etiquetas o microchips, y abogando por la raza mediante la promoción de interacciones positivas y la disipación de estereotipos.

En conclusión, construir una conexión con su Pitbull es un viaje multifacético que implica comprender los rasgos específicos de la raza, establecer confianza y crear un entorno positivo. Reconocer las características únicas de los Pitbulls, como su naturaleza afectuosa, sus altos niveles de energía y su inteligencia, prepara el escenario para un vínculo profundo y significativo. La confianza se cultiva a través de interacciones positivas constantes, socialización y respuestas empáticas a las necesidades del perro. Los métodos de entrenamiento positivos, un ambiente enriquecedor y el tiempo que pasan juntos contribuyen a la fuerza de la conexión. La propiedad responsable, la defensa de la raza y el compromiso con el bienestar general de su Pitbull profundizan la conexión, creando una relación armoniosa y satisfactoria entre usted y su leal compañero.

CAPÍTULO III

Preparándose para la paternidad de Pitbull

Establecer un entorno seguro

Crear un ambiente seguro para los Pitbulls es crucial para su bienestar y la armonía de sus relaciones con sus dueños y el vecindario. Los pitbulls con frecuencia experimentan prejuicios debido a ideas preconcebidas desfavorables y leyes específicas de la raza (BSL). Por esta razón, los propietarios deben proporcionar un entorno seguro y alentador que fomente la propiedad responsable y disipe los mitos.

La contención segura es fundamental para establecer un entorno seguro para los pitbulls. Los pitbulls son conocidos por su fuerza física y agilidad, y proporcionar una valla segura es esencial para evitar escapes y garantizar su seguridad. Se recomienda una cerca resistente y bien mantenida, de al menos seis pies de altura, sin huecos ni debilidades. Las inspecciones periódicas de la cerca para detectar cualquier desgaste o daño ayudan a mantener su efectividad. Las actividades supervisadas al aire libre reducen el riesgo de incidentes no deseados, especialmente en áreas con mucho tráfico peatonal u otros animales.

La socialización adecuada es un factor crítico para fomentar un entorno seguro para los pitbulls. La exposición temprana y positiva a diversas personas, animales y entornos ayuda a generar confianza y reduce la probabilidad de comportamientos basados en el miedo. Las introducciones controladas a otros perros, humanos y entornos deben ser graduales, lo que permite que el Pitbull se aclimate y forme asociaciones positivas. Esto promueve un perro completo y amigable y mejora la seguridad durante los encuentros con situaciones desconocidas.

Educar a la comunidad y a los vecinos es una medida proactiva para garantizar un entorno seguro para los Pitbulls. Desafortunadamente, persisten los estereotipos negativos y los conceptos erróneos que rodean a la raza, lo que lleva al miedo y los prejuicios. La comunicación abierta y honesta sobre las características de la raza, disipar mitos y mostrar prácticas de tenencia responsable pueden ayudar a cambiar las percepciones. Organizar eventos comunitarios, participar en actividades aptas para perros y fomentar interacciones positivas con su Pitbull contribuye a fomentar un entorno de apoyo.

Otro aspecto crucial para crear un espacio seguro para los pitbulls es la identificación adecuada. Si bien los collares con etiquetas de identificación son estándar, el microchip proporciona una capa adicional de protección. En caso de escape o pérdida accidental, los microchips pueden aumentar significativamente las posibilidades de reunificación con el propietario. Asegurarse de que la información de contacto asociada con el microchip esté actualizada es esencial para su efectividad. Además, la señalización visible que indica la presencia de un Pitbull en la propiedad alerta a los visitantes y transeúntes, promoviendo la conciencia y las interacciones responsables.

En cuanto a la seguridad de los pitbulls, la importancia de los métodos éticos de cría es inconmensurable. Los criadores que practican la ética ponen la salud, el temperamento y el bienestar de sus perros en primer lugar, ayudando a crear individuos que sean confiables y estables. La cría responsable reduce el riesgo de problemas de comportamiento y anomalías genéticas, sentando las bases para un compañero más seguro y confiable. Ayudar a los criadores respetables que ponen el bienestar de la raza en primer lugar ayuda a crear una comunidad de Pitbulls felices y saludables.

Establecer un entorno seguro para los pitbulls depende principalmente del entrenamiento. Los métodos de entrenamiento con refuerzo positivo, que implican recompensar las conductas deseadas, son muy eficaces para dar forma a sus respuestas a diversos estímulos. Las órdenes básicas de obediencia, el entrenamiento para recordar y los modales con la correa mejoran el control en entornos públicos. La constancia y la paciencia durante las sesiones de entrenamiento fomentan la confianza y la cooperación, reforzando una relación positiva entre el propietario y el Pitbull. Buscar capacitación profesional o asistencia conductista para desafíos específicos garantiza un enfoque personalizado a las necesidades individuales.

La supervisión es primordial para mantener un entorno seguro, especialmente cuando los pitbulls interactúan con niños, otras mascotas o situaciones desconocidas. Si bien los pitbulls son conocidos por su naturaleza cariñosa, una supervisión cuidadosa es esencial para evitar juegos bruscos o malentendidos involuntarios. A los niños pequeños se les deben enseñar formas apropiadas de interactuar con los perros, enfatizando la importancia de un manejo suave y respetando los límites del perro. Las presentaciones supervisadas a otras mascotas permiten interacciones positivas, lo que reduce el riesgo de conflictos.

Los pitbulls, como cualquier raza de perro, pueden mostrar comportamientos de protección de recursos, y es crucial manejar su entorno en consecuencia. Esto implica proporcionar un horario de alimentación consistente, evitar interferencias durante las comidas y enseñar los comandos "déjalo" o "déjalo". Educar a los miembros de la familia y a los invitados sobre los límites del perro y respetar sus posesiones ayuda a prevenir conflictos y garantiza un entorno de vida más seguro. Estas medidas contribuyen a una relación armoniosa entre el Pitbull y quienes comparten el hogar.

La atención veterinaria de rutina es fundamental para mantener un entorno seguro para los Pitbulls. Los chequeos periódicos, las vacunas y las medidas preventivas contra parásitos y enfermedades son esenciales para su salud. La atención inmediata a los signos de malestar, enfermedad o cambios de comportamiento garantiza una intervención temprana y una atención adecuada. Mantener un registro de las vacunas y las visitas veterinarias también contribuye a la tenencia responsable, lo que demuestra un compromiso con el bienestar del Pitbull.

Construir una relación positiva y de confianza entre los Pitbulls y los niños requiere esfuerzos intencionales. Educar a los niños sobre el comportamiento de los perros, enseñarles a acercarse a los perros con calma y evitar movimientos bruscos, y establecer reglas para interacciones respetuosas contribuyen a un ambiente seguro y agradable. Cuando un perro muestra síntomas de estrés o incomodidad, como gruñir o evitar el contacto visual, se debe entrenar a los niños para detectar estas indicaciones y alentarlos a darle espacio al animal cuando sea necesario.

Un entorno seguro y estimulante para los Pitbulls debe incluir tanto la creación de rutinas como la estimulación mental. La regularidad y la previsibilidad son lo que les encanta a los perros, por lo que crear una rutina diaria regular podría ayudarlos a sentirse menos estresados y ansiosos. Las actividades mentalmente estimulantes, como los juguetes rompecabezas, los juegos interactivos y las sesiones de entrenamiento, evitan que los perros actúen por aburrimiento y ayudan a fomentar un Pitbull feliz y saludable.

Garantizar una atención médica adecuada, incluida la atención dental, es crucial para mantener un entorno seguro para los pitbulls. Las prácticas regulares de higiene dental, como cepillarse los dientes y proporcionar masticables o juguetes dentales, previenen problemas dentales y contribuyen al bienestar general. Los problemas dentales pueden provocar molestias, afectando el comportamiento del perro y potencialmente conduciendo a la agresión. Las medidas proactivas de cuidado dental promueven un entorno de vida más saludable y seguro para los Pitbulls.

La esterilización o castración es una consideración esencial en la tenencia responsable de Pitbull. Más allá de prevenir la basura no deseada, la esterilización o castración puede afectar positivamente el comportamiento, reduciendo la probabilidad de ciertas tendencias agresivas. Además, la esterilización o castración contribuye a la salud general del perro y previene problemas relacionados con la reproducción. Discutir el momento y las consideraciones apropiadas para la esterilización o castración con un veterinario es esencial para promover un entorno seguro para los pitbulls.

La preparación para emergencias es un aspecto vital de la tenencia responsable y contribuye a la seguridad de los Pitbulls. Familiarizarse con los recursos de emergencia locales, incluidas las clínicas veterinarias, los refugios de animales y los centros de evacuación que aceptan mascotas, garantiza respuestas rápidas y efectivas en circunstancias imprevistas. Un kit de emergencia designado con suministros esenciales, registros médicos e información de contacto facilita una respuesta rápida y organizada en momentos de necesidad.

En conclusión, establecer un entorno seguro para los pitbulls implica un enfoque integral y proactivo que aborde varios aspectos de su cuidado e interacciones. La contención segura, la socialización adecuada, las prácticas de cría responsables y los métodos de entrenamiento positivos crean un espacio de vida seguro y armonioso. Educar a la comunidad, promover la conciencia y desafiar los estereotipos específicos de la raza mejoran aún más la seguridad de los Pitbulls dentro de sus comunidades. Un compromiso con la tenencia responsable, la atención veterinaria de rutina y la preparación para emergencias garantiza que los pitbulls prosperen en un entorno que priorice su bienestar, fomentando relaciones positivas con sus dueños y la comunidad en general.

Suministros esenciales

Es crucial asegurarse de tener las herramientas necesarias para el mantenimiento y el bienestar de su Pitbull. Las combinaciones del American Pit Bull Terrier, el Staffordshire Bull Terrier y el American Staffordshire Terrier dan como resultado la raza conocida como "Pitbull". Cada raza de este grupo tiene cualidades distintivas, y satisfacer sus necesidades básicas aumenta su nivel de comodidad, bienestar general y calidad de vida. Empezando por lo básico, un refugio adecuado y cómodo es esencial para tu Pitbull. Si bien muchos Pitbulls se mantienen como mascotas de interior, es necesario tener un espacio dedicado para descansar y buscar refugio. Esto puede incluir una cama acogedora para perros, una jaula o un área designada en su hogar donde su Pitbull pueda sentirse seguro. Si su Pitbull pasa tiempo al aire libre, es crucial proporcionar una caseta para perros bien aislada con una ventilación adecuada, asegurándose de que estén protegidos de los elementos.

Los alimentos nutritivos y bien equilibrados son una

piedra angular del cuidado de los pitbulls. La comida para perros de alta calidad para su edad, tamaño y nivel de actividad es esencial. Discuta las necesidades dietéticas de su pitbull con su veterinario para mantener la máxima salud. Tu perro puede beneficiarse de las croquetas, la comida húmeda o ambas. Tenga a mano un recipiente de agua limpio y de fácil acceso en todo momento, ya que mantenerse adecuadamente hidratado es igual de vital.

Para los Pitbulls, garantizar una identificación correcta es una precaución de seguridad esencial. Los collares con etiquetas de identificación que muestren sus datos de contacto son cruciales en caso de que su Pitbull se pierda. Además, el microchip le da a su Pitbull una forma permanente de identificación, lo que mejora la probabilidad de una reunión segura si otras personas encuentran a su perro. Es esencial mantener esta información actualizada, especialmente si te mudas o actualizas tu información de contacto.

Los suministros de aseo son esenciales para mantener la higiene y la apariencia de su Pitbull. Los pitbulls tienen pelajes cortos que requieren un cepillado regular para eliminar el pelo suelto y minimizar la muda. Un cepillo de aseo adecuado para su tipo de pelaje, un cortaúñas, una pasta de dientes apta para perros y un cepillo de dientes son esenciales. El aseo regular hace que tu Pitbull se vea y se sienta lo mejor posible y ayuda a prevenir posibles problemas de salud.

Los collares y correas son herramientas fundamentales para el manejo y control de tu pitbull, especialmente durante los paseos o salidas. Elija un collar resistente y bien ajustado con una etiqueta de identificación y una correa adecuada para su tamaño y resistencia. El entrenamiento adecuado con correa es esencial para los Pitbulls, ya que su fuerza física puede hacer que sean difíciles de controlar sin el equipo y la orientación adecuados.

Los juguetes no solo proporcionan valor de entretenimiento, sino que también mejoran la estimulación cerebral y el bienestar general de su pitbull. Los pitbulls son conocidos por sus mandíbulas fuertes y su amor por masticar, por lo que proporcionar juguetes duraderos para masticar ayuda a satisfacer este instinto al tiempo que evita la masticación destructiva de artículos domésticos. Los juguetes interactivos, como los comederos de rompecabezas o las golosinas, involucran sus mentes y los mantienen mentalmente estimulados.

El ejercicio regular es crucial para los Pitbulls debido a sus altos niveles de energía y naturaleza atlética. Un arnés resistente y bien ajustado es una excelente opción para caminatas y actividades al aire libre, distribuyendo la fuerza de manera uniforme en el pecho y los hombros. Considere una correa larga para jugar sin correa en un área segura. El juego interactivo, como buscar o tirar de la cuerda, proporciona ejercicio físico y tiempo de vinculación con su pitbull.

Mantener la salud de su Pitbull incluye atención veterinaria regular. Un botiquín de primeros auxilios para perros es un material valioso para tener a mano en caso de lesiones menores o emergencias. Los artículos esenciales como vendajes, toallitas antisépticas, pinzas para quitar astillas o garrapatas y cualquier medicamento que le recete su veterinario contribuyen al bienestar de su pitbull. Tener un número de contacto veterinario de emergencia confiable y accesible también es esencial en caso de problemas de salud inesperados.

Los comederos de calidad son esenciales para que los Pitbulls garanticen una experiencia de alimentación limpia y cómoda. Los cuencos de acero inoxidable o cerámica son duraderos, fáciles de limpiar y resistentes al crecimiento bacteriano. Los tazones elevados pueden beneficiar a los Pitbulls más grandes o a aquellos con condiciones de salud específicas, promoviendo una mejor postura durante las comidas. Limpiar y desinfectar regularmente los comederos de su pitbull contribuye a su salud e higiene en general.

Los materiales de entrenamiento son cruciales para enseñarle a su pitbull obediencia y comportamiento apropiado. Las golosinas de alto valor, un clicker para el entrenamiento de refuerzo positivo y una correa de entrenamiento duradera son herramientas esenciales. Las sesiones de entrenamiento consistentes y positivas mejoran el comportamiento de su Pitbull y fortalecen el vínculo entre usted y su perro. Un arnés de entrenamiento cómodo y bien ajustado puede ser útil para controlar las sesiones de entrenamiento.

La eliminación adecuada de los residuos es un aspecto responsable de la propiedad de Pitbull. Las bolsas para excrementos, una cuchara resistente para excrementos y un sistema de eliminación de desechos designado ayudan a mantener limpios los espacios públicos durante las caminatas o salidas. La gestión responsable de los residuos afecta positivamente a los propietarios de Pitbull y contribuye a la percepción general de la raza por parte de la comunidad. Lleve siempre consigo suministros para la eliminación de residuos y limpie rápidamente los desechos de su Pitbull para mantener un ambiente limpio y agradable.

Los suministros para el cuidado dental contribuyen a la salud bucal de su Pitbull. La pasta de dientes apta para perros y un cepillo de dientes para perros ayudan a prevenir afecciones dentales como el sarro y la acumulación de placa. El cuidado dental regular es crucial para los Pitbulls, ya que son propensos a tener problemas dentales y una mala higiene bucal puede afectar su salud en general. Incorporar el cuidado dental en su rutina contribuye al bienestar de su Pitbull y previene posibles molestias relacionadas con los dientes.

La ropa cómoda y apropiada para el clima puede ser necesaria para los Pitbulls, particularmente en climas más fríos. Mientras que algunos Pitbulls tienen un pelaje naturalmente denso, otros pueden beneficiarse de la calidez que proporciona un suéter o chaqueta para perros durante las estaciones más frías. Además, el equipo de protección, como los botines, puede ayudar a proteger sus patas de temperaturas extremas, terrenos accidentados o sustancias nocivas durante las caminatas.

Los pitbulls, como todos los perros, se benefician de los chequeos veterinarios rutinarios y de la atención médica preventiva. Las vacunas regulares, la prevención de parásitos y los exámenes dentales son esenciales para mantener su salud en general. La atención veterinaria aborda los problemas de salud existentes y permite la detección temprana de posibles problemas, lo que garantiza una intervención oportuna y un bienestar óptimo para su Pitbull.

Elija una cama que se adapte a su tamaño y permita estirarse y acurrucarse cómodamente. Las camas ortopédicas o de espuma viscoelástica son excelentes opciones para los Pitbulls mayores o aquellos con problemas en las articulaciones. Proporcionar un espacio cómodo para dormir contribuye a la comodidad y el bienestar general de su Pitbull.

Los pitbulls, como muchos perros, pueden experimentar ansiedad o estrés en ciertas situaciones. Los productos calmantes, como las envolturas para la ansiedad, los difusores de feromonas o los suplementos que contengan suplementos, pueden ayudar a aliviar el estrés y promover una sensación de seguridad para su pitbull. Hable con su veterinario para encontrar los mejores productos calmantes para su perro, especialmente durante tormentas eléctricas, fuegos artificiales o viajes.

La salud y el bienestar de tu Pitbull dependen de que mantengas su entorno ordenado e higiénico. Los olores, las manchas y la limpieza se pueden controlar con productos de limpieza seguros para perros, como toallitas de aseo, desinfectantes aptos para mascotas y quitamanchas. Su Pitbull vivirá en un ambiente seguro y saludable si su sala de estar, tazones de alimentación y suministros de aseo se limpian regularmente.

Una jaula de viaje resistente y bien ventilada es esencial para los dueños de pitbulls que transportan a sus perros. Ya sea para viajar en automóvil o volar, una jaula segura y del tamaño adecuado proporciona un espacio seguro para su Pitbull durante los viajes. Familiarizar a su Pitbull con la jaula y asegurarse de que cumpla con los estándares de seguridad contribuye a que las experiencias de viaje sean seguras y sin estrés.

El amor y la atención que le brindas son los suministros más esenciales para tu pitbull. Los perros, incluidos los pitbulls, prosperan con la compañía, las interacciones positivas y un fuerte vínculo con sus dueños. Pasar tiempo de calidad con tu Pitbull a través del juego, los paseos y la relajación fomenta una connexion profunda y mejora su bienestar emocional. Su presencia y afecto son los suministros más valiosos que contribuyen a la felicidad y satisfacción de su Pitbull.

En conclusión, asegurarse de tener los suministros esenciales para su Pitbull es un aspecto fundamental de la tenencia responsable. Desde necesidades como refugio y alimentos nutritivos hasta herramientas de aseo, suministros de entrenamiento y artículos de atención médica, cada suministro juega un papel en la promoción del bienestar de su pitbull. Al ofrecer un entorno seguro, acogedor y atractivo, apoya el bienestar general, la satisfacción y la opinión favorable de los pitbulls en su vecindario.

Elegir el Pitbull adecuado para ti

Seleccionar un Pitbull como compañero es una decisión que requiere una cuidadosa consideración, una planificación responsable y el compromiso de proporcionar la mejor vida posible a su nuevo miembro de la familia de cuatro patas. Los posibles propietarios de Pitbull deben priorizar las prácticas de propiedad responsables, comprender las necesidades de la raza y tomar decisiones informadas que se alineen con su estilo de vida para garantizar una relación armoniosa y satisfactoria. Esta guía explica detalladamente todos los aspectos esenciales a tener en cuenta a la hora de seleccionar el Pitbull ideal.

En primer lugar, comprender las características de la raza es crucial para tomar una decisión informada. Los pitbulls son perros de tamaño mediano a grande conocidos por su complexión musculosa, fuerza y agilidad. Su pelaje corto es fácil de mantener y exhiben lealtad, afecto e inteligencia. A pesar de los estereotipos negativos, los Pitbulls bien socializados y entrenados responsablemente a menudo muestran una naturaleza amable y amorosa. Es esencial reconocer que varios factores, como la genética, el medio ambiente y la influencia del dueño, dan forma al comportamiento de un perro. Elegir el Pitbull adecuado implica mirar más allá de la apariencia física y comprender el temperamento, los niveles de energía y la compatibilidad general de la raza con su estilo de vida.

La consideración de su situación de vida es primordial a la hora de elegir un pitbull. Ya sea que resida en un apartamento, una casa suburbana o un entorno rural, es crucial comprender las necesidades de ejercicio de la raza. Los pitbulls son conocidos por sus altos niveles de energía y entusiasmo por las actividades físicas. El ejercicio frecuente es vital para su estimulación cerebral, así como para su bienestar físico. Para mantener a su pitbull feliz psicológica y físicamente, los propietarios deben estar listos para participar en actividades regulares como caminatas, tiempo de juego y juegos interactivos. Considere si su horario diario y su sala de estar pueden soportar la demanda de un pitbull de ejercicio regular y estimulación mental antes de introducir uno en su casa.

Los pitbulls prosperan con la compañía humana y su lealtad los convierte en excelentes mascotas familiares. Sin embargo, es esencial tener en cuenta la dinámica de su hogar a la hora de elegir un pitbull. Evalúe la edad, el temperamento y los niveles de actividad de los miembros de la familia, incluidos los niños y las mascotas. Los pitbulls son generalmente cariñosos y pacientes, lo que los hace adecuados para las familias. La socialización temprana y las interacciones positivas con los niños y los animales son cruciales para fomentar una relación armoniosa. Se recomienda una introducción gradual y supervisada para garantizar la compatibilidad si tiene mascotas existentes. Además, educar a todos los miembros de la familia sobre la tenencia responsable de perros y las interacciones adecuadas contribuye a un entorno positivo y seguro para todos.

Otro aspecto crucial de la tenencia responsable de Pitbull es reconocer la importancia del entrenamiento y la socialización adecuados. Los pitbulls son muy fáciles de adiestrar debido a su inteligencia y deseo de complacer. El uso regular de técnicas de entrenamiento basadas en el refuerzo positivo ayuda a garantizar un perro bien educado al moldear los comportamientos deseados.

Desde una edad temprana, la socialización implica exponer al pitbull a diversas situaciones, humanos y otros animales para promover la adaptabilidad y prevenir problemas de comportamiento. Inscribirse en clases de adiestramiento de cachorros o hablar con un adiestrador de perros calificado ayudará a sentar las bases para una buena base de obediencia y modales. Las consideraciones de salud deben ser su principal prioridad al elegir el Pitbull perfecto para usted. Los criadores que se adhieren a prácticas de cría responsables priorizan la salud y el bienestar de sus perros, utilizan pruebas genéticas y controles de salud exhaustivos para reducir la probabilidad de enfermedades hereditarias. Al seleccionar un Pitbull, pregunte sobre las prácticas de salud del criador, incluidas las vacunas, la desparasitación y la atención veterinaria. Un criador de confianza documenta el historial de salud del perro, lo que garantiza la transparencia y la responsabilidad. Los propietarios potenciales también deben estar preparados para los chequeos veterinarios de rutina y el tratamiento preventivo y ser conscientes de los problemas de salud prevalentes en la raza, como las alergias y la displasia de cadera.

Otra opción admirable es adoptar un Pitbull de un refugio o grupo de rescate. Muchos Pitbulls en refugios son perros cariñosos y bien socializados que buscan una segunda oportunidad para una vida feliz. Los refugios a menudo realizan evaluaciones de comportamiento para ayudar a emparejar a los perros con hogares adecuados. Adoptar de un rescate le permite proporcionar un hogar a un perro necesitado mientras contribuye al bienestar general de la raza. Sin embargo, recopilar información sobre los antecedentes del perro, incluido cualquier historial de abuso o negligencia, es esencial para garantizar una transición sin problemas al nuevo entorno. Los refugios y las organizaciones de rescate son recursos valiosos para encontrar el Pitbull adecuado para su familia y estilo de vida.

Comprender los aspectos legales de su área y la legislación específica de la raza (BSL) es crucial al considerar un pitbull. Desafortunadamente, los Pitbulls enfrentan discriminación en algunas regiones, con restricciones y prohibiciones basadas en su apariencia física en lugar de su comportamiento individual. Familiarícese con las regulaciones locales y prepárese para cumplir con los requisitos específicos para la propiedad de Pitbull. La tenencia responsable, incluidas las leyes de correa, la contención adecuada y el cumplimiento de las ordenanzas locales, ayuda a contrarrestar las percepciones negativas y promueve una imagen positiva de los pitbulls dentro de la comunidad.

La preparación financiera es un factor que a menudo se pasa por alto, pero que es crítico en la tenencia responsable de Pitbull. Los costos asociados con el cuidado de un perro incluyen gastos veterinarios, alimentos, suministros de aseo, clases de entrenamiento y emergencias médicas inesperadas. Presupuestar estos gastos garantiza que pueda brindarle a su Pitbull el cuidado y el apoyo necesarios durante toda su vida. Además, considerar el compromiso a largo plazo que implica tener un perro, incluidos los posibles cambios en las circunstancias financieras, es fundamental para la salud del perro y del dueño.

Los criadores responsables y las organizaciones de rescate de buena reputación desempeñan un papel fundamental para ayudar a los posibles propietarios de pitbulls a tomar decisiones informadas. Cuando busque un criador, investigue su reputación, pida referencias y visite sus instalaciones para garantizar prácticas de cría éticas. Los criadores de renombre priorizan la salud, el temperamento y el bienestar general de sus perros. Las organizaciones de rescate deben proporcionar información detallada sobre el historial del perro, las evaluaciones de comportamiento y cualquier problema de salud conocido. Los criadores y rescates responsables invierten en el bienestar de los perros que colocan y, a menudo, establecen relaciones continuas con los adoptantes para brindarles orientación y apoyo.

En conclusión, estás eligiendo el Pitbull adecuado para ti. Es una elección compleja que requiere una reflexión reflexiva, una preparación prudente y una dedicación para darle a su nuevo perro la mejor vida posible. Comprender las características de la raza, evaluar su situación de vida, considerar la dinámica familiar, priorizar el entrenamiento y la socialización, abordar las consideraciones de salud y conocer los aspectos legales son factores esenciales en el proceso de toma de decisiones. Ya sea que trabajes con un criador responsable o adoptes de un refugio, la clave es priorizar el bienestar del Pitbull y contribuir positivamente a la percepción general de esta raza incomprendida. Las prácticas de propiedad responsables, la toma de decisiones informadas y un compromiso genuino con el bienestar de su Pitbull crean una base para una relación gratificante y satisfactoria entre usted y su nuevo amigo de cuatro patas.

CAPÍTULO IV

Técnicas básicas de entrenamiento

Refuerzo positivo

El entrenamiento de refuerzo positivo se erige como un faro de métodos efectivos y humanos para moldear el comportamiento de los perros, incluidos los muy difamados Pitbulls. Este enfoque del entrenamiento se centra en recompensar las conductas deseadas, utilizando estímulos positivos como golosinas, elogios o juegos para reforzar las acciones que el entrenador quiere fomentar. En el caso de los pitbulls, conocidos por su fuerza y tenacidad, el refuerzo positivo es un método de entrenamiento eficaz y una poderosa herramienta para fomentar un fuerte vínculo entre el dueño y el perro. Este ensayo explora los principios y beneficios del entrenamiento de refuerzo positivo para los Pitbulls, destacando cómo este enfoque puede contribuir a su bienestar, sociabilidad y percepción positiva dentro de la comunidad.

El entrenamiento de refuerzo positivo se basa en el principio fundamental de reforzar los comportamientos que un propietario quiere ver con más frecuencia. Cuando un perro exhibe un comportamiento deseable, como sentarse, quedarse quieto o venir cuando se le llama, el entrenador recompensa inmediatamente al perro con un estímulo positivo. Este refuerzo fortalece la conexión entre el comportamiento y la recompensa, lo que hace que sea más probable que el perro repita la acción en el futuro. Los pitbulls, conocidos por su inteligencia y afán de complacer, responden excepcionalmente bien al refuerzo positivo, lo que lo convierte en un método de entrenamiento ideal para esta raza.

El tratamiento como una forma primaria de refuerzo positivo es una práctica común y efectiva en el entrenamiento de Pitbulls. Las golosinas de alto valor, como pequeños trozos de carne o golosinas especiales para perros, son un poderoso motivador para los pitbulls. La inmediatez de la recompensa es crucial para que el perro asocie la golosina con el comportamiento específico, reforzando la acción positiva. Las golosinas fomentan los comportamientos deseados y establecen una asociación positiva entre las sesiones de entrenamiento y las experiencias agradables para el pitbull.

Además de las golosinas, los elogios verbales y el afecto son componentes vitales del entrenamiento de refuerzo positivo para los Pitbulls. Los perros buscan naturalmente la aprobación y el afecto de sus dueños, y los pitbulls no son una excepción. Las señales verbales como "buen chico" o "bien hecho", acompañadas de caricias o un masaje en el vientre, brindan retroalimentación positiva y fortalecen el vínculo entre el dueño y el Pitbull. Los elogios constantes y genuinos crean un ambiente de entrenamiento positivo, fomentando un sentido de confianza y cooperación entre el perro y su dueño.

Para implementar el refuerzo positivo de manera efectiva, el tiempo es esencial. El comportamiento requerido debe ocurrir antes de la recompensa, lo que permite al Pitbull conectar la acción y la consecuencia positiva. Esta retroalimentación instantánea ayuda al perro a comprender lo que se espera, lo que hace que el proceso de entrenamiento sea más eficiente y refuerza los comportamientos deseados de manera más efectiva. La consistencia en el tiempo y las recompensas es fundamental para construir una base sólida para el entrenamiento de refuerzo positivo.

Una de las ventajas significativas del entrenamiento de refuerzo positivo es su enfoque en alentar y reforzar las conductas deseadas en lugar de castigar las conductas no deseadas. Los pitbulls, como cualquier otra raza, responden mejor al refuerzo positivo que a los métodos basados en el castigo. Los castigos, como las correcciones físicas o las reprimendas duras, pueden provocar miedo, ansiedad y agresión en los perros. El refuerzo positivo, por otro lado, crea una asociación positiva con el entrenamiento y fomenta una actitud cooperativa y dispuesta en los pitbulls.

Los pitbulls que exhiben problemas de comportamiento comunes, como saltar, tirar de la correa o ladrar en exceso, pueden ser entrenados con refuerzo positivo. Por ejemplo, cuando se le enseña a un pitbull a caminar cortésmente con una correa, el entrenador puede recompensar al perro por caminar tranquilamente a su lado y retener las golosinas cuando el perro tira. Este enfoque ayuda al pitbull a comprender el comportamiento deseado y lo alienta a caminar bien con la correa para ganar la recompensa. El refuerzo positivo proporciona una forma constructiva y agradable de abordar los desafíos de comportamiento, promoviendo una relación positiva entre el dueño y el perro.

La socialización es un aspecto crucial del desarrollo de un pitbull, y el refuerzo positivo tiene un impacto significativo en la forma en que interactúa con las personas y otros perros. La exposición temprana y positiva a diversos entornos, personas y animales ayuda a prevenir el miedo y la agresión en los pitbulls. El refuerzo positivo durante la socialización refuerza los comportamientos positivos y permite que el Pitbull asocie nuevas experiencias con resultados positivos. Las golosinas, los elogios y el afecto pueden recompensar el comportamiento tranquilo y amistoso durante las interacciones, lo que contribuye al desarrollo de un Pitbull amable y bien educado.

Uno de los conceptos erróneos sobre los Pitbulls es que son inherentemente agresivos, y el entrenamiento de refuerzo positivo proporciona un medio eficaz para desafiar y disipar este estereotipo. Al centrarse en reforzar los comportamientos positivos y fomentar la sociabilidad, los propietarios pueden demostrar la verdadera naturaleza de los pitbulls como compañeros cariñosos y gentiles. El refuerzo positivo ayuda a crear asociaciones positivas con personas y otros animales, contribuyendo a una percepción más precisa y positiva de los Pitbulls dentro de la comunidad.

El entrenamiento de refuerzo positivo no se limita a las órdenes básicas de obediencia; Se extiende a abordar comportamientos y actividades más complejos. Con su inteligencia y agilidad, los pitbulls sobresalen en diversas actividades caninas, incluido el entrenamiento de agilidad, las pruebas de obediencia e incluso el trabajo de terapia. El refuerzo positivo se puede aplicar para enseñar comandos y trucos avanzados e involucrar al Pitbull en actividades mentalmente estimulantes. La versatilidad del refuerzo positivo lo convierte en una herramienta valiosa para los propietarios que desean explorar y mejorar las capacidades de su Pitbull más allá de la obediencia básica.

El método de refuerzo positivo también les da a los dueños la capacidad de lidiar con los comportamientos de los Pitbulls que se derivan del miedo y la ansiedad. El refuerzo positivo es una herramienta valiosa para ayudar a los pitbulls a superar sus preocupaciones, independientemente de la fuente de su ansiedad. Esto incluye los miedos arraigados en experiencias traumáticas del pasado, así como los asociados con ruidos fuertes y lugares desconocidos. Al recompensar el comportamiento tranquilo y relajado en presencia de estímulos temidos, los propietarios pueden desensibilizar gradualmente a su Pitbull y crear asociaciones positivas, lo que contribuye a un comportamiento más equilibrado y seguro.

Construir un vínculo fuerte entre el dueño y el Pitbull es un objetivo central del entrenamiento de refuerzo positivo. La confianza y el respeto mutuos establecidos a través de interacciones positivas y recompensas crean una relación positiva y cooperativa. Los pitbulls, conocidos por su lealtad, responden bien a los propietarios que utilizan el refuerzo positivo, fomentando una conexión profunda y un sentido de asociación. El vínculo formado a través del refuerzo positivo se extiende más allá de las sesiones de entrenamiento, influyendo en el bienestar general y la felicidad del Pitbull.

Es esencial adaptar el entrenamiento de refuerzo positivo a la personalidad y preferencias individuales del Pitbull. Cada perro es único, y lo que puede ser una recompensa de alto valor para un Pitbull puede ser menos atractivo para otro. Comprender las preferencias del Pitbull y ajustar las recompensas en consecuencia garantiza que el refuerzo positivo sea efectivo y agradable para el perro. Algunos pitbulls pueden estar motivados por las golosinas, mientras que otros pueden responder mejor a los elogios o al juego. Estar en sintonía con las necesidades individuales del Pitbull mejora el éxito del entrenamiento de refuerzo positivo.

Si bien el refuerzo positivo es un método de entrenamiento poderoso y humano, no es una solución única para todos. Los propietarios deben conocer las fortalezas, los desafíos y las limitaciones de su Pitbull. Es posible que el refuerzo positivo no aborde todos los problemas de comportamiento de manera efectiva, pero consultar a un entrenador de perros profesional o a un conductista puede proporcionar orientación y apoyo adicionales. La combinación del refuerzo positivo con otros métodos y herramientas de entrenamiento, como el equipo adecuado y las rutinas estructuradas, contribuye a un enfoque de entrenamiento integral y práctico.

En conclusión, el entrenamiento de refuerzo positivo se erige como un método compasivo y eficaz para moldear el comportamiento de los Pitbulls, fomentando un fuerte vínculo entre los propietarios y sus compañeros caninos. Este enfoque enfatiza el refuerzo de los comportamientos deseados a través de recompensas, la creación de una asociación positiva con el entrenamiento y la promoción de una actitud cooperativa en los Pitbulls. El refuerzo positivo es particularmente adecuado para los pitbulls, conocidos por su inteligencia, su afán por complacer y su naturaleza afectuosa. Los propietarios pueden fomentar relaciones positivas, disipar ideas preconcebidas desfavorables y mejorar el bienestar general y la impresión pública de los pitbulls proporcionándoles comida, elogios verbales y afecto. La construcción de una relación sólida y duradera entre los Pitbulls y sus dueños se puede lograr a través de técnicas de entrenamiento como el refuerzo favorable.

Entrenamiento con clicker

El adiestramiento canino con adiestramiento con clicker se ha convertido en una técnica popular y muy exitosa. Con su intelecto, rapidez y deseo de complacer, los Pitbulls son especialmente adecuados para este tipo de refuerzo positivo. Esta sección profundiza en los principios y beneficios del entrenamiento con clicker con Pitbulls. Explora cómo este enfoque preciso y positivo puede mejorar su aprendizaje, fortalecer el vínculo entre los dueños y los perros, y contribuir a una percepción positiva de esta raza a menudo incomprendida dentro de la comunidad.

En el núcleo del entrenamiento con clicker se encuentra el condicionamiento operante, una teoría de aprendizaje que implica asociar comportamientos con consecuencias. El clicker sirve como un marcador preciso y consistente, indicando al Pitbull que el comportamiento específico exhibido en el momento exacto del clic es el que se está reforzando. Esta inmediatez permite una comunicación clara entre el adiestrador y el perro, facilitando una comprensión más rápida de los comportamientos deseados. Los pitbulls, conocidos por sus agudas habilidades de aprendizaje, responden excepcionalmente bien a la precisión y consistencia proporcionadas por el entrenamiento con clicker.

El clicker es un estímulo neutro, desprovisto de emoción o tono, que elimina la posibilidad de confusión en la comunicación. A diferencia de las señales verbales que varían en tono o intensidad, el clicker produce constantemente el mismo sonido agudo y distintivo. Esta neutralidad ayuda a prevenir la falta de comunicación y permite a los Pitbulls centrarse en el comportamiento específico que se está reforzando en lugar de ser influenciados por el tono o el lenguaje corporal del entrenador. La precisión del clicker lo convierte en una herramienta valiosa para dar forma a los comportamientos con claridad y precisión.

El refuerzo positivo se encuentra en el corazón del entrenamiento con clicker, enfatizando las recompensas para fortalecer los comportamientos deseados. El clicker marca el momento exacto en que se produce el comportamiento, y el Pitbull es recompensado inmediatamente con una golosina, un elogio o una obra de teatro. Este refuerzo inmediato crea una fuerte asociación entre el comportamiento y el resultado positivo, lo que hace que sea más probable que el Pitbull repita la acción en el futuro. La naturaleza positiva del adiestramiento con clicker fomenta una actitud cooperativa y ansiosa por aprender en los Pitbulls, lo que contribuye a una relación favorable entre el perro y el adiestrador.

La adaptabilidad del entrenamiento con clicker para enseñar una amplia gama de comportamientos y comandos es uno de sus beneficios más importantes. A través del entrenamiento con clicker, que cubre todo, desde órdenes básicas de obediencia como sentarse, quedarse quieto y llegar a trucos y trabajos más complejos, los propietarios pueden interactuar de manera efectiva con sus Pitbulls. Los entrenadores pueden dar forma más fácilmente a actividades complejas utilizando la precisión del clicker para registrar y reforzar momentos de comportamiento particulares. El entrenamiento con clicker ofrece a los pitbulls un enfoque fácil y gratificante para dominar el aprendizaje y la realización de trucos, rutinas de agilidad y recuperación de objetos.

El entrenamiento con clicker aborda de manera eficiente los desafíos de comportamiento comúnmente asociados con los Pitbulls, como tirar de la correa, saltar o ladrar en exceso. La precisión del clicker permite a los entrenadores capturar y reforzar momentos de calma y comportamiento deseado, proporcionando una alternativa a las acciones no deseadas. Por ejemplo, cuando se enseña a un pitbull a caminar tranquilamente con una correa, el clicker puede marcar y reforzar los momentos de caminar con la correa suelta. Este método constructivo mantiene una atmósfera de entrenamiento cooperativa y optimista mientras aborda los problemas de comportamiento.

La socialización de un pitbull es esencial para su desarrollo, y el entrenamiento con clicker ayuda a moldear conexiones favorables con las personas y otros caninos. El entrenamiento con clicker durante la socialización refuerza los comportamientos deseables, creando asociaciones positivas con nuevas experiencias. Por ejemplo, el clicker puede marcar y apoyar interacciones tranquilas y amistosas con perros o personas desconocidas. Este refuerzo positivo genera confianza y sociabilidad en los Pitbulls, lo que contribuye a su comportamiento bien educado y bien adaptado en diversos entornos sociales.

El clicker une el comportamiento y la recompensa, lo que permite a los entrenadores capturar y reforzar los comportamientos en tiempo real. Esta inmediatez es particularmente beneficiosa en escenarios de entrenamiento complejos o cuando se trabaja con Pitbulls en comandos avanzados. El momento preciso del clicker permite a los entrenadores comunicarse con el Pitbull sin demora, creando una conexión clara entre el comportamiento y la recompensa posterior. La velocidad y la precisión del entrenamiento con clicker lo convierten en un método ideal para enseñar a los pitbulls tareas o comportamientos intrincados que requieren una sincronización precisa.

El entrenamiento con clicker mejora la comunicación y el entendimiento entre el propietario y el Pitbull. La claridad del clicker reduce la confusión, lo que permite al Pitbull captar rápidamente la conexión entre sus acciones y los resultados deseados. Esta mayor comprensión fomenta un vínculo más fuerte entre el entrenador y el perro, ya que el Pitbull aprende a confiar y comprometerse con el dueño de manera positiva y cooperativa. La naturaleza de refuerzo positivo del entrenamiento con clicker contribuye a una relación armoniosa basada en la confianza, el respeto mutuo y las experiencias positivas compartidas.

Los pitbulls, como cualquier raza inteligente y entrenable, prosperan con la estimulación mental y el compromiso. El entrenamiento con clicker ofrece una experiencia mentalmente enriquecedora para los Pitbulls, desafiando sus habilidades cognitivas y sus habilidades para resolver problemas. El proceso de aprendizaje de nuevos comportamientos y tareas a través del entrenamiento con clicker proporciona a los Pitbulls estimulación mental, previniendo el aburrimiento y los problemas de comportamiento asociados. Participar en sesiones de entrenamiento con clicker también proporciona una salida para la energía y la curiosidad del Pitbull, lo que contribuye a su bienestar y satisfacción general.

La naturaleza positiva y precisa del entrenamiento con clicker lo convierte en un método ideal para construir una imagen positiva de los Pitbulls dentro de la comunidad. Al mostrar su inteligencia, capacidad de entrenamiento y entusiasmo por aprender a través del refuerzo positivo, los propietarios de Pitbull pueden desafiar los estereotipos negativos y los conceptos erróneos que rodean a la raza. Las demostraciones públicas o la participación en eventos caninos donde los Pitbulls muestran las habilidades que aprendieron a través del entrenamiento con clicker contribuyen a una percepción más precisa y positiva de la raza. Las interacciones positivas entre los Pitbulls que se comportan bien y la comunidad ayudan a disipar los temores infundados y contribuyen a una visión más inclusiva de estos perros.

Si bien el entrenamiento con clicker es una herramienta poderosa, es esencial considerar las necesidades y preferencias individuales de cada Pitbull. Algunos perros pueden ser más sensibles al sonido del clicker, mientras que otros pueden encontrarlo particularmente motivador. Los propietarios deben observar las reacciones de su Pitbull y ajustar el enfoque de entrenamiento en consecuencia. Además, emparejar el clicker con varias recompensas, que incluyen golosinas, elogios y juegos, garantiza que el entrenamiento siga siendo agradable y atractivo para el Pitbull.

En conclusión, el adiestramiento con clicker ofrece un enfoque positivo, preciso y versátil para el adiestramiento de Pitbulls, aprovechando su inteligencia, afán de complacer y agilidad. Este método, basado en los principios del refuerzo positivo y el condicionamiento operante, crea un canal de comunicación claro entre el entrenador y el Pitbull. El clicker es una herramienta poderosa para dar forma a los comportamientos, enseñar nuevos comandos y abordar los desafíos de comportamiento de manera positiva y efectiva. Más allá del entrenamiento, el entrenamiento con clicker contribuye a la estimulación mental, el bienestar y la percepción positiva de los Pitbulls dentro de la comunidad. Al adoptar el entrenamiento con clicker, los propietarios pueden fomentar un fuerte vínculo con sus Pitbulls mientras desafían los estereotipos negativos y muestran su verdadero potencial como compañeros inteligentes, entrenables y amorosos.

Comandos básicos (Siéntate, Quédate, Ven)

Entrenar a un Pitbull en comandos básicos es fundamental para fomentar una relación armoniosa y de buen comportamiento entre el dueño y su compañero canino. A diferencia de la creencia popular, los pitbulls son muy fáciles de entrenar, inteligentes y están ansiosos por complacer a los perros. Esta sección explora la importancia del entrenamiento básico de comando para los Pitbulls, centrándose en los comandos básicos de sentarse, quedarse quieto y venir. Este entrenamiento establece comportamientos esenciales para la vida cotidiana y contribuye al bienestar general, la seguridad y la percepción positiva de los Pitbulls dentro de la comunidad.

La orden "siéntate" es uno de los primeros y más cruciales comportamientos que se le enseñan a un Pitbull. Enseñar a un Pitbull a sentarse es una orden fundamental que se puede aplicar en diversas situaciones, desde saludar a los invitados hasta evitar saltos o emociones excesivas. Al preparar a un Pitbull para que se siente, se debe usar un refuerzo positivo, como elogios o golosinas, para reconocer y alentar el comportamiento deseado. Comenzando en un ambiente tranquilo y familiar, el entrenador puede usar una golosina para guiar al Pitbull a una posición sentada mientras dice: "Siéntate". En el instante en que los cuartos traseros del pitbull tocan el suelo, el entrenador debe hacer clic (si usa el entrenamiento con clicker) u ofrecer elogios verbales e inmediatamente proporcionar la golosina. La consistencia y la repetición son vitales para reforzar la asociación entre la orden y la acción, lo que finalmente lleva a que el Pitbull se siente solo en respuesta a la señal verbal.

La orden de "quietud" es esencial para garantizar la seguridad y el bienestar del Pitbull en diversas situaciones. Enseñar a un Pitbull a quedarse implica desarrollar el comando de sentarse e introducir el concepto de permanecer en una posición específica hasta que se le dé más instrucción. El entrenador puede dar un paso atrás y dar una señal verbal, como "quieto", o usar una señal con la mano mientras el pitbull todavía está sentado. El entrenador puede regresar, hacer clic (si se está usando el entrenamiento con clicker), elogiar verbalmente y darle una golosina al Pitbull si se queda en su lugar. El comportamiento se refuerza cuando la distancia y la duración de la estancia se incrementan gradualmente. La comprensión de los pitbulls de la orden de permanencia se consolida aún más al proporcionar distracciones y hacer que la practiquen en varios entornos. mandar. La orden de quedarse es preciosa cuando el Pitbull debe permanecer en su lugar, como cruzar la calle o esperar en la oficina del veterinario.

La orden de retirada, "ven", es un elemento crucial del entrenamiento de un Pitbull, ya que contribuye a su seguridad y a la tranquilidad del propietario. Enseñar a un pitbull a venir cuando se le llama implica crear una asociación positiva con la orden y reforzar el comportamiento con recompensas. Comenzando en un entorno controlado, el entrenador puede usar un tono entusiasta y acogedor mientras dice la orden "ven" y recompensa al Pitbull con golosinas, elogios o juegos cuando responde. La consistencia es esencial, y el comando de retiro siempre debe resultar en una experiencia positiva para el Pitbull. Aumentar gradualmente la distancia y practicar en varios entornos ayuda a generalizar el comportamiento, asegurando que el Pitbull responda de manera confiable a la orden de recuperación incluso en situaciones de distracción. Un retiro confiable es particularmente valioso para las actividades sin correa, lo que permite al propietario llamar al Pitbull para que regrese a su lado con prontitud.

Entrenar a los Pitbulls en órdenes básicas establece una base para la obediencia y fortalece el vínculo entre el dueño y el perro. Los pitbulls, conocidos por su lealtad y deseo de complacer a sus dueños, prosperan con interacciones y compromisos positivos. El entrenamiento crea un ambiente positivo y cooperativo, fomentando la confianza y la comunicación entre el Pitbull y su dueño. Durante las sesiones de entrenamiento, el uso de refuerzos positivos, como golosinas, elogios y juegos, refuerza la asociación positiva del Pitbull con las órdenes, creando un aprendiz dispuesto y ansioso.

Más allá de los beneficios inmediatos de la obediencia, el entrenamiento básico de comando contribuye al bienestar y la seguridad general de los pitbulls. Por ejemplo, la orden de "sentarse" puede ser fundamental para evitar los saltos, que, aunque a menudo son alimentados por la emoción y el afecto, pueden ser percibidos como intimidantes por los demás. Enseñar al Pitbull a sentarse cuando saluda a las personas proporciona una interacción controlada y educada, promoviendo experiencias positivas para el perro y las personas con las que interactúa. Del mismo modo, el comando "stay" garantiza la seguridad del Pitbull en diversas situaciones, evitando que corra hacia áreas potencialmente peligrosas o se acerque a perros o personas desconocidas sin permiso.

La orden de "ven" es vital para los Pitbulls que pueden disfrutar de actividades sin correa, como caminar o jugar en áreas designadas. Un retiro confiable es conveniente para el propietario y contribuye a la seguridad del Pitbull. La capacidad de devolver la llamada al pitbull con prontitud permite al propietario navegar por situaciones potencialmente peligrosas, como encontrarse con vida silvestre o acercarse a carreteras concurridas. Un retiro bien entrenado le da al propietario confianza y tranquilidad, sabiendo que el Pitbull responderá rápidamente a la orden independientemente de las distracciones circundantes.

El adiestramiento de los pitbulls en los comandos básicos también desempeña un papel importante a la hora de desafiar y disipar los estereotipos negativos asociados a la raza. Los temores infundados y los conceptos erróneos a menudo contribuyen a la discriminación específica de la raza, y los Pitbulls obedientes y de buen comportamiento sirven como embajadores de la raza. Las interacciones públicas que muestran a un Pitbull respondiendo positivamente a las órdenes, sentándose cortésmente, permaneciendo en su lugar y acudiendo cuando se le llama contribuyen a una percepción más positiva de la raza dentro de la comunidad. La tenencia responsable y las interacciones positivas con Pitbulls bien entrenados ayudan a contrarrestar los estereotipos y desafiar los conceptos erróneos, promoviendo una visión más inclusiva de estos perros.

Es imperativo personalizar el régimen de entrenamiento según la naturaleza e inclinaciones únicas de cada Pitbull. Aunque las golosinas son una forma de recompensa universalmente beneficiosa, ciertos Pitbulls pueden estar más motivados por los elogios o el juego, mientras que otros pueden responder mejor al juego. Entrenar a un Pitbull puede ser emocionante y divertido para el perro si prestas atención a cómo reacciona a ciertas cosas y modificas tus enfoques en consecuencia. Además, evitar el aburrimiento y preservar la atención y la pasión del Pitbull se puede lograr mezclando la variación en las sesiones de entrenamiento y manteniéndolas breves y constructivas.

La consistencia en el entrenamiento es crucial para reforzar los comportamientos deseados y garantizar que el Pitbull responda de manera confiable a las órdenes. Las sesiones de entrenamiento deben realizarse regularmente, incorporando una variedad de comandos y aumentando gradualmente el nivel de dificultad. La consistencia también se extiende a las señales verbales, las señales con las manos y los métodos de refuerzo, lo que proporciona claridad para el Pitbull y refuerza la asociación entre la orden y el comportamiento esperado. Mantener una actitud positiva y paciente durante las sesiones de entrenamiento contribuye a una experiencia de aprendizaje positiva para Pitbull.

En conclusión, el entrenamiento básico de mando es un aspecto fundamental y beneficioso de la tenencia responsable de Pitbull. Enseñar a los Pitbulls órdenes como sentarse, quedarse quieto y venir establece comportamientos esenciales para la vida cotidiana y contribuye a su bienestar, seguridad y percepción positiva dentro de la comunidad. El entrenamiento construye una base para la obediencia, fomenta un fuerte vínculo entre el dueño y el Pitbull y desafía los estereotipos negativos asociados con la raza. A través del refuerzo positivo y el entrenamiento constante, los dueños de Pitbull pueden mostrar la inteligencia, la capacidad de entrenamiento y la naturaleza positiva de sus perros, lo que contribuye a una visión más inclusiva y positiva de los Pitbulls en la sociedad.

CAPÍTULO V

Socializar a tu Pitbull

Importancia de la socialización

La socialización se erige como una piedra angular de la tenencia responsable de perros, y para los Pitbulls, una raza a menudo rodeada de conceptos erróneos, adquiere un significado adicional. La socialización consiste en exponer a un perro a diversos entornos, personas, animales y estímulos de forma positiva y controlada para desarrollar un compañero bien adaptado y seguro. En esta sección, profundizamos en la importancia de la socialización para los Pitbulls, explorando cómo este proceso contribuye a su bienestar general, previene problemas de comportamiento y fomenta interacciones positivas dentro de la comunidad.

Los pitbulls, como cualquier otra raza, poseen una curiosidad natural y un deseo de explorar su entorno. Sin embargo, esta curiosidad innata puede manifestarse como miedo o ansiedad en situaciones desconocidas sin una socialización adecuada. La exposición temprana y positiva a diversos estímulos durante los períodos críticos de desarrollo de la etapa de cachorro ayuda a dar forma a la respuesta de un pitbull a diferentes entornos y previene el desarrollo de comportamientos basados en el miedo. Al introducirlos gradualmente a nuevas imágenes, sonidos, olores y experiencias, los propietarios pueden desarrollar la confianza y la resistencia del Pitbull, creando una base para un perro adulto bien adaptado y adaptable.

Un Pitbull bien socializado es más probable que muestre un comportamiento apropiado en diferentes situaciones, lo que reduce el riesgo de agresión basada en el miedo o reacciones impulsadas por la ansiedad. Por ejemplo, un Pitbull que ha sido socializado adecuadamente es menos probable que reaccione con miedo o agresión cuando se encuentra con nuevas personas o perros, lo que reduce el potencial de incidentes adversos. La socialización ayuda al pitbull a aprender a navegar por varias señales sociales e interpretar las intenciones de los demás, lo que contribuye a interacciones positivas y evita malentendidos que pueden conducir a conflictos.

La socialización es particularmente crucial para los Pitbulls debido a la historia de la raza y los estereotipos prevalecientes asociados con ellos. Los temores infundados y los conceptos erróneos a menudo contribuyen a la legislación específica de la raza y a la discriminación contra los Pitbulls. La socialización adecuada juega un papel fundamental para desafiar y disipar estos estereotipos al mostrar la verdadera naturaleza de los Pitbulls como perros cariñosos, educados y gentiles. Un Pitbull bien socializado sirve como embajador de la raza, proporcionando interacciones positivas con las personas y otros animales que desafían las percepciones negativas y contribuyen a una visión más inclusiva de los Pitbulls dentro de la comunidad. Presentar un Pitbull a una amplia gama de personas es crucial para la socialización. Esto incluye a personas de diferentes edades, géneros, etnias y apariencias. Las interacciones positivas con personas de diversos orígenes ayudan a Pitbull a generalizar sus habilidades sociales, asegurando que se sientan cómodos y se comporten bien en diversos entornos sociales. Socializar a los Pitbulls con los niños es esencial, fomentando una relación positiva entre el perro y los miembros más jóvenes de la familia o visitantes. La supervisión y orientación adecuadas durante estas interacciones garantizan una experiencia segura y positiva tanto para el Pitbull como para los niños.

Además de las personas, socializar a los Pitbulls con otros perros es esencial para su desarrollo social general. Los perros son animales sociables, y los encuentros positivos con otros perros mejoran su bienestar y la comprensión de las señales sociales. El juego sin correa en un entorno controlado permite a los pitbulls participar en comportamientos naturales, desarrollar habilidades de juego apropiadas y aprender señales de comunicación de otros perros. Los pitbulls bien socializados son más propensos a exhibir un comportamiento amistoso y no amenazante durante los encuentros con otros perros, lo que reduce el riesgo de agresión o reacciones basadas en el miedo.

Exponer a los pitbulls a diversos entornos es un componente crucial de la socialización. Las diferentes imágenes, sonidos y superficies pueden ser inicialmente abrumadoras para un perro, y la exposición gradual les ayuda a aclimatarse y desarrollar confianza. Esto incluye experiencias como paseos en automóvil, caminatas en áreas urbanas concurridas, visitas a parques y exposición a diferentes texturas de pisos. El refuerzo positivo durante estas experiencias, como golosinas, elogios y juegos, crea asociaciones positivas, lo que garantiza que el Pitbull vea los nuevos entornos como agradables en lugar de estresantes.

La importancia de la socialización se extiende más allá de la etapa de cachorro, ya que la exposición continua a nuevas experiencias ayuda a mantener y reforzar los comportamientos positivos. La consistencia en la socialización a lo largo de la vida del Pitbull asegura que permanezcan adaptables y cómodos en diversas situaciones. Las salidas regulares, las interacciones con nuevas personas y animales, y la exposición a diferentes entornos contribuyen al desarrollo social continuo del Pitbull y evitan la regresión en su comportamiento.

La socialización adecuada es especialmente crucial para los Pitbulls que pueden haber experimentado negligencia, abuso o trauma en su pasado. Los perros con un historial de experiencias negativas pueden ser más propensos a comportamientos basados en el miedo, y la desensibilización sistemática a través de la socialización positiva les ayuda a superar sus miedos y a construir asociaciones positivas con nuevas experiencias. Al socializar a los Pitbulls con un pasado complicado, es esencial ser paciente y compasivo y proporcionar un refuerzo positivo. La exposición gradual en un entorno seguro también puede ayudarlos a recuperar la confianza y la confianza.

Las clases de capacitación profesional y los grupos de socialización pueden ser recursos valiosos para los dueños de pitbulls que buscan orientación y apoyo en el proceso de socialización. Estos entornos proporcionan entornos controlados con entrenadores experimentados que pueden guiar a los propietarios en las técnicas adecuadas para introducir a sus Pitbulls a diversos estímulos. Además, la presencia de otros perros en estos entornos permite interacciones y juegos positivos, lo que contribuye a las habilidades sociales del Pitbull.

A pesar de los beneficios de la socialización, existen desafíos y riesgos potenciales que los propietarios deben tener en cuenta. La socialización excesiva, o exponer a un pitbull a demasiados estímulos en un período corto, puede ser abrumador y contraproducente. Los propietarios deben controlar el proceso de socialización y monitorear las reacciones del Pitbull para asegurarse de que permanezcan cómodos y relajados. Además, los propietarios deben priorizar la seguridad de su Pitbull y evitar exponerlo a situaciones potencialmente peligrosas o perros agresivos durante la socialización.

En conclusión, no se puede exagerar la importancia de la socialización para los Pitbulls. Este procedimiento es esencial para generar confianza, prevenir problemas de comportamiento y fomentar interacciones positivas dentro de la comunidad. La socialización adecuada contribuye al bienestar general de los Pitbulls al crear individuos bien adaptados, adaptables y seguros de sí mismos. Desafía los estereotipos negativos asociados con la raza al mostrar la verdadera naturaleza de los Pitbulls como perros cariñosos, sociales y gentiles. La tenencia responsable de Pitbull implica un compromiso con la socialización continua, asegurando que estos perros prosperen como miembros positivos de la comunidad y embajadores de su raza.

Presentar a tu pitbull a otras mascotas

Presentar a su Pitbull a otras mascotas en el hogar es un aspecto crucial de la tenencia responsable que requiere una planificación cuidadosa, paciencia y refuerzo positivo. Los pitbulls, a menudo sujetos a estereotipos injustos, son, en realidad, capaces de formar fuertes vínculos con otros animales cuando se introducen adecuadamente. Este ensayo explora la importancia de un proceso de introducción reflexivo y gradual, los factores a considerar al integrar a un Pitbull con otras mascotas y las estrategias para garantizar una convivencia armoniosa dentro de la familia.

En primer lugar, el éxito de la introducción de un Pitbull a otras mascotas depende de la evaluación inicial de los animales individuales involucrados. Cada mascota tiene su temperamento, historia de socialización y nivel de comodidad con otros animales. Comprender las personalidades únicas tanto del Pitbull como de las mascotas existentes sienta las bases para un plan de introducción personalizado. Si el Pitbull tiene un historial de agresión o miedo hacia otros animales, la orientación profesional de un entrenador o conductista puede ser beneficiosa para garantizar un proceso de introducción seguro y positivo.

Antes de la introducción, es imperativo crear un entorno controlado y neutral. Esto disminuye el riesgo de encuentros tempranos y disminuye las tendencias territoriales. Una forma de establecer un territorio neutral es presentar a todas las mascotas un lugar en el que nunca hayan estado antes, como un parque tranquilo o el patio de un vecino. Al hacer esto, la necesidad innata de los animales de protección territorial disminuye y pueden asociarse entre sí sin sentirse amenazados.

Una estrategia eficaz para una introducción exitosa es un enfoque gradual y basado en el aroma. Antes de que ocurra cualquier interacción cara a cara, permita que las mascotas se familiaricen con los olores de los demás. Esto se puede lograr intercambiando ropa de cama o juguetes entre los animales. Familiarizar al Pitbull con el olor de las mascotas existentes ayuda a reducir la ansiedad y hace que la reunión inicial sea menos estresante.

Una vez que las mascotas se han familiarizado con los olores de los demás, la introducción visual a través de una barrera puede ser el siguiente paso. Para ello se puede utilizar una puerta para bebés o jaulas distintas que permitan a los animales oler y verse entre sí sin entrar en contacto físico. Gracias a esta introducción visual controlada, pueden leer las reacciones y el lenguaje corporal del otro de forma segura. Durante esta fase, las recompensas o elogios sirven como refuerzo positivo que ayuda a fomentar asociaciones agradables con la presencia de los otros animales.

La introducción física real debe ocurrir gradualmente y bajo estrecha supervisión. Comience con reuniones cortas y supervisadas, permitiendo que las mascotas interactúen en un entorno controlado. Durante estas interacciones iniciales, observa de cerca su lenguaje corporal. Los signos de curiosidad, alegría o posturas relajadas indican interacciones positivas. Por otro lado, los signos de tensión, el pelaje levantado, los gruñidos o las posturas agresivas requieren una separación inmediata, y el proceso de introducción debe ralentizarse.

Reforzar los hábitos beneficiosos durante la fase de introducción requiere consistencia. El refuerzo positivo (golosinas, elogios y afecto) debe usarse cuando las mascotas se comportan con calma y amabilidad entre sí. Esto promueve asociaciones positivas y fortalece la noción de que tener a los otros animales alrededor conduce a experiencias agradables.

Es importante reconocer y respetar las preferencias individuales de cada mascota. Algunas mascotas pueden ser más amigables y aceptar una nueva adición, mientras que otras pueden ser más reservadas o territoriales. Comprender las señales y los niveles de comodidad de todos los animales es crucial para un proceso de integración exitoso. Si persiste algún signo de estrés o malestar, puede ser necesario consultar con un entrenador profesional o un conductista para obtener orientación adicional.

El proceso de presentación no se limita a la reunión inicial; Se extiende a la convivencia continua de las mascotas dentro del hogar. Proporcionar áreas separadas para comer y dormir para cada mascota ayuda a evitar la protección de recursos y minimiza el potencial de conflictos. Aumentar gradualmente el tiempo que las mascotas pasan juntas bajo supervisión contribuye a desarrollar relaciones positivas.

La predisposición natural de la raza a la socialización influye significativamente en el éxito de la introducción de un Pitbull a otras mascotas. Los pitbulls, cuando se socializan adecuadamente desde una edad temprana, tienden a ser más adaptables y aceptan a otros animales. La exposición temprana y positiva a diferentes entornos, personas y animales contribuye a su sociabilidad general y reduce la probabilidad de comportamientos agresivos o basados en el miedo.

El éxito de presentar un Pitbull a otras mascotas también depende del compromiso del dueño con el entrenamiento y la supervisión. Fomentar una conexión saludable entre los perros requiere un entrenamiento constante y el refuerzo de acciones beneficiosas. La estimulación mental y física frecuente ayuda a los pitbulls a enfocar su energía de manera constructiva y disminuye la probabilidad de meterse en problemas con otros animales.

Es crucial reconocer que cada mascota es un individuo con su propio conjunto de necesidades y preferencias. Algunos Pitbulls pueden ser naturalmente más gentiles y tolerantes, lo que hace que la introducción sea más suave. Otros pueden requerir más tiempo y paciencia. Del mismo modo, las mascotas existentes pueden tener diferentes reacciones a la introducción de un nuevo compañero. Comprender y respetar la individualidad de cada mascota contribuye a una integración más exitosa.

La edad de las mascotas también juega un papel importante en el proceso de introducción. Los cachorros, incluidos los cachorros de Pitbull, son generalmente más adaptables y tienden a formar asociaciones positivas más rápidamente. Los perros mayores pueden tener preferencias y hábitos establecidos, y se deben observar sus reacciones a una nueva adición. Además, presentar un Pitbull a otras mascotas cuando aún es un cachorro permite un proceso de socialización más controlado y guiado.

Las técnicas de entrenamiento de refuerzo positivo son invaluables durante el proceso de introducción. Recompensar los comportamientos positivos, como la calma, la amabilidad y las interacciones apropiadas, ayuda a crear una asociación positiva con la presencia de otras mascotas. Las golosinas, los elogios y el juego sirven como poderosos motivadores, alentando al Pitbull a asociar la compañía de otros animales con experiencias positivas.

Es esencial reconocer que, a pesar de los mejores esfuerzos, no todas las mascotas pueden convertirse en mejores amigos. Si bien el objetivo es la coexistencia armoniosa, las expectativas realistas son cruciales. Algunas mascotas pueden preferir una interacción mínima con los demás, y siempre que coexistan pacíficamente y sin estrés, es una integración exitosa. La clave es fomentar un entorno en el que cada mascota se sienta segura y respetada, aunque mantenga una relación más independiente.

El proceso de introducción no es un escenario único para todos, y los propietarios deben estar preparados para ajustar el ritmo en función de la dinámica individual de sus mascotas. La paciencia, la comprensión y la flexibilidad son primordiales durante el período de integración. Consultar a un adiestrador de perros o conductista cualificado puede ofrecer consejos y apoyo perspicaces si surgen dificultades.

En conclusión, introducir un Pitbull a otras mascotas es un proceso gradual que requiere una planificación cuidadosa y un compromiso continuo. El refuerzo positivo, la exposición gradual y la supervisión cercana contribuyen a una integración exitosa que fomenta relaciones positivas entre las mascotas. Comprender la personalidad y las preferencias únicas de cada mascota, reconocer las señales individuales y respetar sus niveles de comodidad son elementos fundamentales para crear un ambiente armonioso y cooperativo dentro del hogar. Cuando se aborda con paciencia y cuidado, la integración de un Pitbull con otras mascotas puede resultar en una convivencia gratificante y positiva para todos los miembros peludos de la familia.

Interacción positiva con los seres humanos

Los pitbulls, a menudo rodeados de conceptos erróneos y estereotipos, son una raza que prospera con las interacciones positivas con los humanos. Estos perros son conocidos por su lealtad, naturaleza cariñosa y afán de complacer, lo que los convierte en excelentes compañeros con el entorno y el cuidado adecuados. En este ensayo, exploramos la importancia de proporcionar a los Pitbulls una interacción positiva con los humanos, el papel de la tenencia responsable para disipar mitos y estrategias para fomentar vínculos sólidos que muestren la verdadera naturaleza de estos perros a menudo incomprendidos.

La construcción de una relación sólida y positiva entre los Pitbulls y los humanos comienza con la comprensión de las características y necesidades únicas de la raza. Los pitbulls son conocidos por su inteligencia, agilidad y altos niveles de energía. Son animales sociales que prosperan con la compañía humana y, a menudo, están ansiosos por participar en diversas actividades, desde el tiempo de juego hasta las sesiones de entrenamiento. Reconocer y apreciar estas cualidades forma la base para una interacción positiva, creando un entorno en el que los Pitbulls pueden expresar sus comportamientos naturales y construir una relación de confianza con sus compañeros humanos.

La interacción positiva con los humanos es especialmente crucial para los Pitbulls debido a los estigmas y mitos injustos que rodean a la raza. Los conceptos erróneos sobre la agresión de los Pitbulls han dado lugar a una legislación específica de la raza y a prácticas discriminatorias, lo que ha contribuido a los retos a los que se enfrentan los propietarios responsables de Pitbull. Proporcionar interacciones positivas con los pitbulls permite a los propietarios desafiar estos mitos al mostrar la verdadera naturaleza de la raza: afecto, alegría y lealtad. Esta exposición positiva beneficia a Pitbull y contribuye a cambiar las percepciones del público y a fomentar una visión más inclusiva de estos perros dentro de la comunidad.

La propiedad responsable juega un papel central en proporcionar una interacción positiva para los Pitbulls. Esto implica satisfacer las necesidades físicas y mentales de la raza, garantizar un entorno seguro y estimulante, e invertir tiempo en el entrenamiento y la socialización. El ejercicio regular es esencial para canalizar la energía del Pitbull de manera positiva, evitando el aburrimiento y los problemas de comportamiento asociados. Los juguetes rompecabezas y las sesiones de entrenamiento son dos formas de estimulación mental que ayudan a los perros a ser más inteligentes y a formar vínculos estrechos con sus dueños.

El entrenamiento de refuerzo positivo es una piedra angular para proporcionar a los Pitbulls una interacción positiva. Este método recompensa los comportamientos deseables con golosinas, elogios o juegos, creando asociaciones positivas con la obediencia y reforzando el vínculo humano-perro. Los pitbulls responden bien al refuerzo positivo debido a su inteligencia y afán de complacer. Este enfoque durante las sesiones de entrenamiento ayuda a generar confianza, fomenta la cooperación y establece un canal de comunicación positivo entre el propietario y el Pitbull.

La socialización es otro componente crítico de la interacción positiva para los Pitbulls. La exposición temprana y positiva a diversos entornos, personas y animales les ayuda a convertirse en individuos bien adaptados y seguros de sí mismos. Las experiencias positivas de socialización desafían los estereotipos al demostrar la capacidad de la raza para interactuar de manera tranquila y positiva con los estímulos. Esta exposición aumenta la resiliencia y contribuye a la percepción positiva general de un pitbull dentro de la comunidad.

Crear un ambiente positivo para los Pitbulls implica fomentar una sensación de seguridad y confianza. Esto incluye proporcionar un espacio cómodo y designado para el perro, ofrecer rutinas regulares y asegurarse de que se satisfagan sus necesidades básicas. Las interacciones consistentes y positivas durante la alimentación, el aseo y el tiempo de juego contribuyen al bienestar general del Pitbull y refuerzan el vínculo entre el perro y su dueño.

La interacción positiva también implica comprender y respetar la personalidad individual de cada Pitbull. Como cualquier raza, los pitbulls tienen diferentes temperamentos, preferencias y niveles de comodidad. Algunos pueden ser extrovertidos y sociables, mientras que otros pueden ser más reservados o tímidos. Los dueños deben observar las señales de Pitbull y ajustar sus interacciones en consecuencia, respetando los límites del perro y asegurándose de que las experiencias positivas se adapten a sus necesidades.

Establecer una interacción positiva con los pitbulls también implica disipar mitos comunes y educar al público sobre la raza. Los mitos que rodean la agresión de los pitbulls a menudo provienen de la desinformación y las representaciones sensacionalistas de los medios de comunicación. Los dueños responsables juegan un papel crucial en desafiar estos mitos al mostrar a sus Pitbulls bien educados y cariñosos a través de interacciones positivas en la comunidad. La educación pública, la participación de la comunidad y la participación en actividades positivas con los pitbulls contribuyen a cambiar las percepciones y disipar los temores infundados.

Los niños y los pitbulls pueden formar vínculos fuertes a través de interacciones positivas cuando se supervisan y guían adecuadamente. Los pitbulls son conocidos por su naturaleza cariñosa; Muchos son excepcionalmente amables con los niños. La tenencia responsable incluye enseñar a niños y adultos sobre el comportamiento apropiado y la interacción con los perros, enfatizando la importancia de un trato pacífico y respetuoso. Las experiencias positivas con los niños contribuyen a la imagen positiva general de los pitbulls y desafían los estereotipos que sugieren que son inherentemente peligrosos alrededor de los niños.

Las interacciones positivas se extienden más allá de la familia inmediata, incluidas las interacciones con extraños y la comunidad. Los pitbulls bien socializados y entrenados positivamente pueden ser embajadores de su raza, participando en eventos comunitarios, trabajando en terapia o simplemente saliendo a caminar y relacionarse con los vecinos. Estas interacciones positivas muestran la verdadera naturaleza de la raza y contribuyen a cambiar las percepciones del público sobre los Pitbulls, un encuentro positivo a la vez.

Proporcionar una interacción positiva con los humanos para los Pitbulls también implica prácticas responsables, como la etiqueta adecuada de la correa y el cumplimiento de las regulaciones locales. Demostrar una propiedad responsable en los espacios públicos garantiza la seguridad del Pitbull y fomenta interacciones positivas con otros miembros de la comunidad. Respetar las preocupaciones y los niveles de comodidad de los demás mientras se muestra la naturaleza de buen comportamiento de los Pitbulls ayuda a desafiar los estereotipos y promueve una visión más inclusiva de la raza.

La confianza, la consistencia y las experiencias positivas crean fuertes vínculos entre los pitbulls y los humanos. Los propietarios que invierten tiempo en crear interacciones positivas a través del juego, el entrenamiento y el afecto desarrollan una conexión profunda y duradera con sus Pitbulls. Reconocer las cualidades únicas de la raza y brindar oportunidades para una expresión positiva ayuda a satisfacer sus necesidades sociales y emocionales, lo que contribuye a un compañero completo y contento.

En conclusión, proporcionar a los Pitbulls una interacción positiva con los humanos es un aspecto multifacético y crucial de la tenencia responsable. Las interacciones positivas generan confianza, desafían los estereotipos y fomentan fuertes vínculos entre los pitbulls y sus dueños. Las prácticas responsables, el entrenamiento de refuerzo positivo y la educación pública cambian las percepciones sobre la raza y promueven una visión más inclusiva de los pitbulls dentro de la comunidad. A través de interacciones positivas, propiedad responsable y experiencias positivas compartidas, los Pitbulls pueden continuar mostrando su verdadera naturaleza como compañeros amorosos, leales y afectuosos.

CAPÍTULO VI

Abordar los problemas de comportamiento

Agresión y miedo

Abordar los problemas de comportamiento en los pitbulls, en particular la agresión y el miedo, requiere un enfoque reflexivo y sistemático, priorizando el bienestar del perro y de quienes lo rodean. Es esencial entender que los problemas de comportamiento pueden ocurrir en cualquier raza y suelen estar influenciados por numerosos factores, como la herencia, las experiencias tempranas y el entorno. Los pitbulls son vilipendiados erróneamente por ser violentos por naturaleza. Este ensayo examina los métodos para lidiar con el miedo y la agresión en los Pitbulls, destacando el valor de la tenencia responsable de perros, la crítica constructiva y el asesoramiento de expertos para fomentar un amigo canino bien adaptado y obediente.

Comprender las causas fundamentales de la agresión y el miedo en los pitbulls es un paso fundamental para abordar estos problemas de comportamiento. La agresión puede manifestarse de diversas formas, incluida la agresión basada en el miedo, la agresión territorial o la agresión hacia otros animales. Por otro lado, el miedo puede ser el resultado de traumas pasados, falta de socialización o experiencias negativas. Identificar los desencadenantes específicos y el contexto del comportamiento es crucial para diseñar un plan de intervención eficaz.

La tenencia responsable juega un papel fundamental en el tratamiento de los problemas de comportamiento en los Pitbulls. Los propietarios deben comprometerse a proporcionar un entorno seguro, estable y enriquecedor que satisfaga las necesidades físicas y mentales de sus perros. El ejercicio regular, la estimulación mental y la interacción positiva con humanos y otros animales son componentes esenciales de la tenencia responsable que contribuyen a un Pitbull bien equilibrado y contento.

El adiestramiento basado en el refuerzo positivo es un método eficaz para gestionar la agresividad y el miedo en los Pitbulls. Este enfoque enfatiza la construcción de confianza entre el perro y el dueño, recompensando el buen comportamiento con juguetes, elogios o comida, y desarrollando conexiones positivas con la obediencia. Al exponer progresivamente al Pitbull a los estímulos temidos de una manera controlada y agradable, el refuerzo positivo puede tratar con éxito la agresión basada en el miedo al recompensar el comportamiento tranquilo y no agresivo.

Cuando se manejan problemas de comportamiento con Pitbulls, el consejo experto de un adiestrador de perros o conductista con licencia no tiene precio. Estos profesionales pueden analizar el comportamiento del perro en detalle, identificar los factores estresantes y crear un programa de entrenamiento personalizado. Sus conocimientos y experiencia ayudan a crear una intervención más completa y exitosa al ayudar a los propietarios a poner en práctica técnicas seguras y eficientes para lidiar con la agresividad y el miedo.

La socialización temprana es un componente crítico en el tratamiento de la agresión en los Pitbulls. Un perro adulto bien adaptado y socialmente hábil es el resultado de la exposición temprana a diversas personas, animales y situaciones a lo largo de la etapa formativa crucial, lo que también ayuda a reducir la agresividad basada en el miedo. El refuerzo positivo y la exposición progresiva ayudan a fomentar el desarrollo de la confianza de un Pitbull en diversos contextos. La socialización debe ser un proceso gozoso.

Al abordar el miedo en los Pitbulls, es esencial crear un entorno seguro y de apoyo. Identificar y evitar los desencadenantes conocidos cuando sea posible ayuda a reducir el estrés y la ansiedad en el perro. Bajo la guía de un profesional, la desensibilización y el contracondicionamiento implican exponer al Pitbull a estímulos temidos de manera controlada y positiva, cambiando gradualmente su respuesta emocional del miedo a una asociación más positiva.

La consistencia en el entrenamiento y la comunicación clara con el Pitbull son elementos críticos para abordar los problemas de comportamiento. Establecer un conjunto de reglas y límites ayuda a crear un entorno estructurado, reduciendo la confusión y la ansiedad del perro. El refuerzo constante de las conductas deseables y la corrección inmediata de las conductas no deseadas proporcionan claridad y contribuyen a una relación más positiva y cooperativa.

Es importante tener en cuenta que los métodos de entrenamiento basados en el castigo no se recomiendan para abordar la agresión o el miedo en los Pitbulls. El castigo puede hacer que las personas se sientan más asustadas y ansiosas, haciéndolas reaccionar a la defensiva o agresivamente. El refuerzo positivo crea un vínculo más fuerte y de confianza entre el Pitbull y su dueño al recompensar el comportamiento deseado.

Abordar la agresión en los pitbulls también implica comprender los desencadenantes y contextos específicos que provocan el comportamiento agresivo. La agresión puede dirigirse hacia extraños, animales o incluso miembros de la familia. La identificación de las situaciones que provocan la agresión permite la formación específica y las estrategias de gestión. Por ejemplo, si un pitbull muestra agresión hacia extraños, la exposición gradual a nuevas personas en un entorno controlado, combinada con un refuerzo positivo, puede ayudar a modificar su comportamiento.

La creación de una rutina constante y la estimulación mental son componentes esenciales para abordar los problemas de comportamiento en los Pitbulls. Los comederos de rompecabezas, los juguetes interactivos y las actividades mentalmente exigentes ayudan a crear un perro más equilibrado y complacido.

La salud del Pitbull también puede influir en los problemas de comportamiento. Un dolor o malestar físico puede manifestarse como miedo o agresividad. Los exámenes veterinarios de rutina son cruciales para descartar cualquier afección médica subyacente que cause problemas de comportamiento. Resolver el malestar físico del perro puede afectar significativamente su comportamiento y bienestar general.

Al abordar el miedo en los Pitbulls, es esencial evitar reforzar el comportamiento ansioso inadvertidamente. Consolar o mimar a un pitbull temeroso puede reforzar inadvertidamente la respuesta de miedo. En cambio, mantener la calma y proporcionar un refuerzo positivo para el comportamiento tranquilo ayuda a cambiar la respuesta emocional del pitbull a una más positiva. La exposición gradual a los estímulos temidos de forma controlada y positiva ayuda a desensibilizar al perro con el tiempo.

Crear un espacio seguro o un área designada para el Pitbull puede ser beneficioso para abordar los comportamientos basados en el miedo. Esta zona sirve como refugio donde el Pitbull puede sentirse seguro y tranquilo. Las experiencias positivas en este espacio seguro contribuyen a la sensación general de seguridad del perro y ayudan a reducir los comportamientos basados en el miedo.

Los dueños deben educarse sobre el lenguaje corporal y la comunicación canina para comprender mejor las señales de su Pitbull. Reconocer los signos de estrés, ansiedad o miedo permite a los propietarios intervenir adecuadamente y ajustar su enfoque para garantizar una interacción positiva. Un dueño relajado y confiado contribuye a un Pitbull más seguro y de buen comportamiento.

En conclusión, abordar problemas de comportamiento como la agresión y el miedo en los Pitbulls requiere un enfoque integral y compasivo. La propiedad responsable, el entrenamiento de refuerzo positivo, la socialización temprana y la orientación profesional son vitales para promover un Pitbull bien equilibrado y contento. Al comprender las necesidades y desencadenantes individuales de cada perro y adaptar las intervenciones en consecuencia, los propietarios pueden generar confianza, disipar mitos y fomentar vínculos fuertes con sus Pitbulls, mostrando la verdadera naturaleza de la raza como compañeros leales, cariñosos y resistentes.

Ansiedad por separación

La ansiedad por separación, un problema de comportamiento común en los perros, puede ser una preocupación desafiante para los dueños de Pitbull. Los pitbulls, conocidos por su lealtad y naturaleza afectuosa, pueden desarrollar ansiedad por separación cuando se les deja solos, lo que lleva a comportamientos angustiosos como ladridos excesivos, masticación destructiva e intentos de escapar. En esta sección, exploramos un enfoque integral para abordar la ansiedad por separación en los Pitbulls, que abarca la comprensión de las causas fundamentales, la implementación de técnicas de entrenamiento positivas, la creación de un entorno de apoyo y la búsqueda de orientación profesional para garantizar el bienestar del perro y del dueño.

Los pitbulls, como raza conocida por formar fuertes vínculos con sus dueños, pueden ser particularmente propensos a la ansiedad por separación. Factores como los cambios en la rutina, un historial de abandono o reubicación, o incluso un evento traumático durante la ausencia del propietario pueden contribuir al desarrollo de la ansiedad por separación. Identificar los desencadenantes específicos y el contexto de la ansiedad permite a los propietarios adaptar su enfoque para abordar las causas subyacentes.

El entrenamiento de refuerzo positivo es una piedra angular para abordar la ansiedad por separación en los Pitbulls. Este método se enfoca en recompensar los comportamientos deseables con golosinas, elogios o juegos, creando asociaciones positivas con estar solo y reforzando el vínculo entre el perro y el dueño. La desensibilización gradual a estar solo, comenzando con períodos cortos y aumentando gradualmente la duración, permite que el Pitbull se aclimate a la experiencia de manera positiva. El refuerzo positivo durante las salidas y llegadas ayuda a crear asociaciones positivas con las idas y venidas del propietario, reduciendo la ansiedad.

Crear un entorno de apoyo es esencial para abordar la ansiedad por separación. Proporcionar juguetes atractivos, comederos de rompecabezas o juguetes dispensadores de golosinas puede mantener al Pitbull mentalmente estimulado durante los períodos de tiempo a solas. Un espacio designado y cómodo, como una cama o una jaula acogedora, puede servir como un refugio seguro para el Pitbull, lo que contribuye a su sensación general de seguridad. Además, dejar artículos con el aroma del dueño, como la ropa, puede brindar comodidad en su ausencia.

La consistencia en las rutinas y las salidas es crucial para controlar la ansiedad por separación en los Pitbulls. Establecer una rutina predecible ayuda al perro a anticipar períodos de tiempo a solas, reduciendo la ansiedad asociada con las salidas. Variar las señales de salida, como recoger las llaves o ponerse los zapatos, durante las horas en las que no hay salida ayuda a desensibilizar al Pitbull a estos desencadenantes y minimizar la ansiedad. La consistencia en las rutinas de salida y llegada contribuye a una sensación de previsibilidad para el Pitbull.

La desensibilización gradual a las salidas es un elemento crítico para abordar la ansiedad por separación. Esto implica exponer al Pitbull a las señales asociadas con las salidas de una manera controlada y positiva sin irse realmente. Por ejemplo, recoger las llaves o ponerse un abrigo puede estar relacionado con experiencias positivas, como jugar o golosinas, para cambiar la respuesta emocional del Pitbull a estas señales. Este proceso ayuda al perro a formar asociaciones positivas con estímulos relacionados con la partida.

La orientación profesional es invaluable cuando se aborda la ansiedad por separación en los Pitbulls. Un adiestrador de perros certificado o un conductista puede evaluar minuciosamente el comportamiento del perro, identificar los factores desencadenantes y desarrollar un plan de entrenamiento personalizado. Su experiencia permite una intervención más integral y efectiva, guiando a los propietarios en la implementación de estrategias para abordar la ansiedad por separación de manera segura y efectiva. También se debe consultar a un veterinario para descartar posibles enfermedades médicas que causen los problemas de comportamiento.

Abordar la ansiedad por separación también implica abstenerse de los métodos basados en el castigo. El castigo puede exacerbar la ansiedad y el miedo, lo que lleva a respuestas defensivas o agresivas. El entrenamiento de refuerzo positivo recompensa el comportamiento deseado, creando una relación más positiva y de confianza entre el Pitbull y el dueño. El castigo puede erosionar la confianza y empeorar la ansiedad, lo que dificulta el progreso para abordar la ansiedad por separación.

La implementación de una rutina sistemática de salida ayuda a facilitar la transición del Pitbull. Esto implica aumentar gradualmente la duración de las salidas de manera controlada, comenzando con intervalos cortos y extendiendo gradualmente el tiempo. El refuerzo positivo durante las salidas y las recompensas por el comportamiento tranquilo al regresar contribuyen a una asociación positiva con estar solo. Este enfoque ayuda al Pitbull a aprender que las salidas no son permanentes y son seguidas por el regreso del dueño.

El contracondicionamiento es una técnica que se puede utilizar para cambiar la respuesta emocional del Pitbull al estar solo. Esto implica asociar el estar solo con experiencias positivas, como recibir golosinas o participar en actividades agradables. Aumentar gradualmente la duración del tiempo a solas mientras se proporciona un refuerzo positivo ayuda al Pitbull a formar asociaciones positivas con estar solo, reduciendo la ansiedad.

Los juguetes interactivos y la estimulación mental son componentes esenciales para controlar la ansiedad por separación. Proporcionar juguetes que dispensen golosinas o involucren mentalmente al Pitbull puede distraerlo y aliviar el aburrimiento durante el tiempo a solas. Los comederos de rompecabezas o los Kongs de peluche congelados pueden ser particularmente efectivos para mantener al perro ocupado y proporcionar una asociación positiva con estar solo.

Crear una señal de salida consistente puede ayudar a indicarle al Pitbull que el dueño regresará. Puede tratarse de una frase o acción específica asociada de forma coherente a las salidas. Usar esta señal durante las salidas y combinarla con un refuerzo positivo puede ayudar al Pitbull a comprender que el dueño regresará, reduciendo la ansiedad asociada con estar solo.

El uso de productos calmantes o difusores de feromonas puede ser beneficioso en algunos casos. Los productos calmantes, como las envolturas para la ansiedad o los collares calmantes, pueden proporcionar una sensación de seguridad para el Pitbull. Los difusores de feromonas liberan feromonas sintéticas que imitan los aromas calmantes producidos por las perras lactantes, lo que contribuye a un ambiente relajado. Si bien es posible que estos productos no funcionen para todos los perros, algunos propietarios los encuentran útiles para controlar la ansiedad por separación.

Al tratar la ansiedad por separación, es esencial mantener la constancia y la paciencia. Existe la posibilidad de contratiempos y un progreso constante. Una actitud tranquila y feliz durante las llegadas y salidas y la celebración de pequeños logros ayudan a crear un ambiente acogedor y comprensivo para el Pitbull. El éxito a largo plazo depende de mantener la coherencia en las técnicas de gestión y formación.

En conclusión, el tratamiento de la ansiedad por separación en los pitbulls requiere una estrategia amable y diversa. Un enfoque de intervención exhaustivo incluye la identificación de los problemas subyacentes, la implementación del refuerzo positivo, el fomento de un entorno de apoyo y la obtención de asesoramiento experto. A través de la personalización de las tácticas para adaptarse a los requisitos únicos de cada Pitbull y el refuerzo regular del buen comportamiento, los propietarios pueden ayudar a sus perros a superar la ansiedad por separación y crear un amigo canino más armonioso y complacido.

Ladridos y excavaciones excesivas

En los perros, especialmente en los pitbulls, los problemas de comportamiento, incluidos los ladridos y la excavación excesivos, no son infrecuentes. Aunque estas acciones suelen manifestar los instintos de un perro, pueden llegar a ser problemáticas si ocurren con frecuencia o en las situaciones equivocadas. Este ensayo examina las tácticas factibles para lidiar con los ladridos y excavaciones excesivos de los pitbulls, destacando la importancia de comprender las causas subyacentes, usar técnicas de entrenamiento positivas, ofrecer estimulación mental y física, y establecer un entorno de apoyo para promover compañeros caninos equilibrados.

La creación de una estrategia de intervención exitosa requiere comprender las razones subyacentes de la excavación y los ladridos excesivos. Los pitbulls pueden exhibir estos comportamientos por varias razones, dada su inteligencia e intensos niveles de energía. Un perro puede ladrar para comunicarse, para pasar el tiempo, para llamar la atención o para mostrar miedo o aburrimiento. Sin embargo, cavar a veces puede ser un comportamiento instintivo, como encontrar un lugar acogedor para relajarse o investigar los olores en el suelo. Los propietarios pueden ajustar su estrategia para abordar las causas fundamentales de estos comportamientos identificando los desencadenantes y las situaciones precisas que los desencadenan.

El entrenamiento con refuerzo positivo es poderoso para modificar problemas de comportamiento, como ladrar y cavar en exceso en los pitbulls. Este enfoque se centra en recompensar los comportamientos deseables con golosinas, elogios o juegos, creando asociaciones positivas y reforzando el vínculo entre el perro y el dueño. Enseñar una orden "silenciosa" y recompensar el silencio con un refuerzo positivo puede ser eficaz para los ladridos excesivos. En el caso de la excavación, redirigir el comportamiento hacia un área de excavación designada y recompensar al perro por usar ese espacio puede ayudar a modificar el comportamiento de manera positiva.

El tratamiento de los problemas de comportamiento en los Pitbulls requiere estimulación tanto mental como física. La excavación excesiva y los ladridos son dos formas en que la energía aburrida e hiperactiva puede liberar la energía almacenada. La energía del pitbull puede canalizarse de manera constructiva, y estos comportamientos indeseables se pueden evitar con ejercicio regular, juegos interactivos y pasatiempos emocionantes como juguetes rompecabezas o sesiones de entrenamiento de obediencia. En particular, la estimulación mental a veces se pasa por alto, pero marca una gran diferencia en la capacidad de un perro para vivir en equilibrio y ser feliz.

Crear un ambiente propicio implica preparar al Pitbull para el éxito y minimizar las oportunidades excesivas de ladridos y excavaciones. En el caso de los ladridos, reducir la exposición a estímulos que desencadenan una vocalización excesiva, como las personas que pasan u otros animales, puede ayudar a controlar el comportamiento. Proporcionar un área de excavación designada con tierra suelta o arena permite que el Pitbull exprese este comportamiento natural de manera adecuada. La coherencia en la gestión del medio ambiente contribuye al éxito a largo plazo.

Comprender los desencadenantes individuales de los ladridos excesivos es fundamental para abordar el comportamiento de manera efectiva. Si el pitbull ladra excesivamente debido al aburrimiento, proporcionarle juguetes, comederos para rompecabezas o elementos de juego giratorios puede mantenerlo mentalmente estimulado. Si ladrar es para llamar la atención, enseñarle al perro comportamientos alternativos, como sentarse en silencio y recompensar este comportamiento con atención, ayuda a cambiar el enfoque positivamente. Identificar y abordar la causa específica permite una intervención más específica.

En el caso de la excavación excesiva, es esencial comprender la motivación detrás del comportamiento. Proporcionar áreas sombreadas o colchonetas de enfriamiento puede abordar la necesidad subyacente si el pitbull cava para crear un excelente lugar de descanso. Si la excavación es el resultado de la curiosidad o la exploración, la incorporación de juguetes interactivos o actividades basadas en el olor puede redirigir el comportamiento de manera positiva. Identificar la motivación para excavar permite a los propietarios abordar la causa raíz de manera efectiva.

Obtener el asesoramiento experto de un conductista o un entrenador de perros calificado puede ser muy útil para controlar las excavaciones y los ladridos excesivos. Estos profesionales pueden analizar el comportamiento del perro en detalle, identificar los factores estresantes y crear un programa de entrenamiento personalizado. Sus conocimientos y experiencia ayudan a realizar una intervención más exhaustiva y exitosa al ayudar a los propietarios a poner en práctica estos comportamientos de manera segura y eficiente. Obtener asistencia profesional también ayuda a descartar cualquier afección médica que pueda estar causando problemas de comportamiento.

La consistencia en el entrenamiento es crucial para modificar los problemas de comportamiento en los Pitbulls. Ya sea que se trate de ladridos excesivos o de excavación, los propietarios deben responder constantemente a los comportamientos indeseables y reforzar las alternativas positivas. La inconsistencia puede confundir al Pitbull y obstaculizar la efectividad de los esfuerzos de modificación de conducta. Establecer expectativas claras y apoyar siempre las conductas deseadas contribuye a una modificación exitosa de la conducta.

Al abordar los ladridos excesivos, es esencial identificar los diferentes tipos de ladridos y adaptar la intervención en consecuencia. Los ladridos de alarma en respuesta a amenazas percibidas, los ladridos de aburrimiento, los ladridos de búsqueda de atención o los ladridos de juego pueden requerir diferentes enfoques. Comprender el contexto y la motivación detrás de cada tipo de ladrido permite una intervención más específica y efectiva. El refuerzo positivo para el comportamiento tranquilo, la provisión de actividades alternativas o el abordaje de la causa subyacente, como el aburrimiento, pueden ser parte de la estrategia.

Proporcionar un área designada para excavar en exceso permite que el pitbull exprese este comportamiento natural de manera adecuada. El área de excavación se puede llenar con tierra suelta o arena, y enterrar juguetes o golosinas en este espacio puede hacerlo más atractivo para el perro. El refuerzo positivo constante para usar el área designada y redirigir el comportamiento al cavar en otro lugar contribuye a modificar este comportamiento positivamente.

Es esencial evitar los métodos basados en el castigo cuando se abordan los ladridos y las excavaciones excesivas. El castigo puede provocar miedo y ansiedad, exacerbando los problemas de comportamiento y potencialmente causando nuevos problemas. El entrenamiento de refuerzo positivo se centra en recompensar los comportamientos deseables, crear asociaciones positivas y reforzar el vínculo entre el perro y el dueño. Los métodos basados en el castigo pueden dañar la confianza entre el Pitbull y el dueño, obstaculizando el progreso de la modificación del comportamiento.

Crear una rutina que incorpore ejercicio mental y físico ayuda a prevenir ladridos y excavaciones excesivas. Las caminatas regulares, las sesiones de juego y las actividades de entrenamiento involucran mental y físicamente al Pitbull, reduciendo el aburrimiento y el exceso de energía. Proporcionar una rutina estructurada contribuye a una sensación de previsibilidad y ayuda a minimizar las oportunidades de comportamientos indeseables. La consistencia en la rutina y el refuerzo positivo para los comportamientos apropiados contribuyen al éxito a largo plazo.

El enriquecimiento ambiental es una de las estrategias más importantes para tratar los problemas de comportamiento en los Pitbulls. Varios juguetes, alimentadores de rompecabezas y actividades atractivas ayudan a prevenir el aburrimiento y mantienen al Pitbull cognitivamente ocupado. Cambia los juguetes y añade nuevas actividades con regularidad para evitar el aburrimiento y estimular la curiosidad de tu perro. El enriquecimiento, tanto mental como físico, hace que un Pitbull sea más feliz y equilibrado, lo que reduce la posibilidad de cavar y ladrar con demasiado entusiasmo.

Es fundamental distinguir entre los ladridos de alerta, que alertan a su dueño de posibles amenazas, y los ladridos aburridos o que buscan llamar la atención cuando se trata de ladridos excesivos. Si los ladridos se deben al aburrimiento, ofrecer comederos de rompecabezas, juguetes atractivos o cambiar las actividades de juego puede ayudar a reenfocar el comportamiento de manera constructiva. Enseñarle al perro una orden "tranquila" y recompensar el comportamiento tranquilo puede ayudar a cambiar el comportamiento si los ladridos se basan en la alerta.

Es fundamental someterse a exámenes veterinarios de rutina para descartar cualquier condición médica probable que cause cavar o ladrar en exceso. El comportamiento puede verse influenciado por el dolor, la incomodidad o las enfermedades médicas subyacentes; Por lo tanto, el tratamiento de estos problemas puede ser esencial para cambiar el comportamiento. Un veterinario puede evaluar la salud general del perro y proporcionar instrucciones para cualquier procedimiento médico necesario.

En conclusión, abordar los ladridos y las excavaciones excesivas en los pitbulls requiere un enfoque integral y personalizado que tenga en cuenta las necesidades y motivaciones individuales del perro. La comprensión de las causas raíz, el empleo del entrenamiento de refuerzo positivo, la estimulación mental y física, la creación de un entorno propicio y la búsqueda de orientación profesional contribuyen a un plan de modificación de conducta exitoso. A través de intervenciones consistentes y compasivas, los propietarios pueden criar Pitbulls bien equilibrados y contentos, mostrando la verdadera naturaleza de la raza como compañeros inteligentes, enérgicos y leales.

CAPÍTULO VII

Ejercicio físico y mental

Requisitos de ejercicio diario

Los pitbulls, conocidos por su fuerza, agilidad y energía ilimitada, son una raza que prospera con el mantenimiento regular de la salud física y mental a través del ejercicio. Comprender y cumplir con los requisitos de ejercicio diario de un pitbull es esencial para fomentar un compañero canino sano y contento. En este ensayo, exploramos la importancia del ejercicio para los Pitbulls, los factores que influyen en sus necesidades de actividad y las estrategias prácticas para garantizar que reciban una estimulación física y mental adecuada.

Los pitbulls, como muchas otras razas de perros, son descendientes de perros de trabajo y de caza. Criados históricamente para tareas como la caza de toros y más tarde como perros de granja, poseen un atletismo y un vigor naturales. Si bien es posible que los pitbulls modernos no se dediquen a las mismas tareas históricas, sus rasgos innatos los convierten en una raza de alta energía que se beneficia significativamente del ejercicio regular.

Varios factores, como la edad, la salud y el temperamento individual, influyen en los requisitos diarios de ejercicio de un Pitbull. Los cachorros, en particular, requieren una rutina de ejercicios estructurada para quemar el exceso de energía y promover un crecimiento saludable. Los pitbulls jóvenes pueden ser más exuberantes y juguetones, lo que requiere sesiones de juego frecuentes y caminatas cortas. Los pitbulls adultos generalmente prosperan en actividades más prolongadas y vigorosas, mientras que los perros mayores pueden tener niveles de energía más bajos y beneficiarse de ejercicios más suaves.

Un aspecto crucial para abordar las necesidades diarias de ejercicio de un Pitbull es comprender la predisposición de la raza a ciertos comportamientos. Los pitbulls, al ser perros inteligentes y sociales, requieren estimulación mental y actividad física. Por lo tanto, incorporar actividades que involucren sus mentes, como juguetes de rompecabezas, entrenamiento de obediencia o juegos interactivos, es esencial para un régimen de ejercicio completo.

Las caminatas regulares son un componente fundamental de la rutina diaria de ejercicio de un Pitbull. Estas caminatas brindan una oportunidad para el ejercicio físico, la estimulación mental y la socialización. Los pitbulls, al ser animales sociales, se benefician de la exposición a diferentes entornos, personas y otros perros. Si bien las necesidades individuales de ejercicio pueden variar, una pauta general es apuntar a al menos 30 a 60 minutos de caminatas diarias. Esto ayuda a quemar energía y fortalece el vínculo entre el Pitbull y su dueño.

Más allá de las caminatas, participar en ejercicios más activos y dinámicos es vital para cumplir con los requisitos de ejercicio del Pitbull. Las sesiones de juego en áreas seguras y cercadas les permiten correr, saltar y exhibir un atletismo natural. Los juegos de buscar o tirar y afloja pueden ser excelentes salidas para su energía. Para los Pitbulls que disfrutan de la natación, las actividades acuáticas proporcionan una forma de ejercicio agradable y de bajo impacto. La incorporación de diversas actividades evita la monotonía y garantiza que el perro permanezca mental y físicamente estimulado.

Los juguetes interactivos y los comederos de rompecabezas son herramientas valiosas para satisfacer las necesidades de estimulación mental de los pitbulls. Se debe tener en cuenta la durabilidad de los juguetes, ya que los Pitbulls son masticadores fuertes. Los juguetes que dispensan golosinas o que se pueden llenar con comida involucran la mente del perro y fomentan el juego concentrado, evitando comportamientos relacionados con el aburrimiento.

El entrenamiento de obediencia tiene un doble propósito para los Pitbulls: proporciona estimulación mental y refuerza el comportamiento positivo. Estos perros inteligentes disfrutan aprendiendo nuevas órdenes y trucos. Las sesiones regulares de entrenamiento ejercitan sus mentes y contribuyen a un compañero receptivo y de buen comportamiento. Las técnicas de refuerzo positivo, mediante golosinas o elogios, mejoran la experiencia de entrenamiento y fortalecen el vínculo entre el Pitbull y su dueño.

La incorporación de actividades sin correa en entornos seguros y cerrados permite a los Pitbulls experimentar una mayor libertad e independencia. Los parques para perros o las áreas cercadas de forma segura brindan juegos supervisados con otros perros, lo que promueve la socialización y el compromiso mental. Las actividades sin correa deben introducirse gradualmente y controlarse, asegurando la capacidad de respuesta del Pitbull y su compatibilidad con otros perros.

Correr o trotar junto a un propietario de bicicleta es otra forma efectiva de satisfacer las necesidades de ejercicio del Pitbull. Esta actividad proporciona estimulación física y mental, lo que permite al perro seguir el ritmo de los niveles de energía de su dueño. Sin embargo, es crucial garantizar la seguridad y el bienestar del Pitbull durante tales actividades mediante el uso del equipo adecuado, comenzando con distancias más cortas y estando atento a los signos de fatiga o incomodidad.

El entrenamiento de agilidad es una excelente opción para los Pitbulls que disfrutan de una forma de ejercicio más estructurada y desafiante. Los cursos de agilidad involucran el cuerpo y la mente del perro con obstáculos como túneles, saltos y postes de tejido. Participar en actividades de agilidad cumple con sus requisitos de ejercicio y perfecciona su agilidad, coordinación y capacidad de respuesta a las órdenes. Muchos Pitbulls encuentran que el entrenamiento de agilidad es una experiencia gratificante y agradable.

Los pitbulls deben realizar la cantidad recomendada de actividad cada día, pero es igual de esencial ajustar el tiempo y la intensidad de las actividades para satisfacer las necesidades de cada perro. Es necesario tener en cuenta factores como la edad, la salud y los problemas médicos previos. Por ejemplo, los perros mayores y los cachorros pueden tolerar diferentes niveles de alimentos o energía. Al crear un régimen de ejercicios para Pitbull, los propietarios deben hablar con su veterinario sobre lo que se adapta a sus necesidades.

Un desafío que los propietarios de Pitbull pueden encontrar son las restricciones relacionadas con el clima en las actividades al aire libre. El calor extremo, el frío o las inclemencias del tiempo pueden limitar la duración y la intensidad del ejercicio. Durante tales condiciones, las actividades en interiores, como el juego interactivo, el entrenamiento de obediencia o la búsqueda en interiores, se vuelven esenciales para mantener el bienestar físico y mental del Pitbull. Además, considerar formas alternativas de ejercicio, como el entrenamiento en cinta de correr o los cursos de agilidad en interiores, ayuda a garantizar una rutina de ejercicios constante independientemente de las condiciones al aire libre.

Si bien cumplir con los requisitos de ejercicio diario para un Pitbull es crucial, es igualmente esencial tener en cuenta su comodidad y seguridad durante las actividades. Es necesaria una hidratación adecuada, especialmente durante el clima cálido, para prevenir la deshidratación. Comprobar si hay signos de fatiga, como jadeo excesivo o ralentización, permite a los propietarios ajustar la intensidad y la duración del ejercicio en consecuencia. Proporcionar áreas sombreadas y evitar el ejercicio durante las horas más calurosas del día contribuyen al bienestar del Pitbull.

La socialización es un componente integral de la rutina de ejercicios de un pitbull. Estos perros, a menudo injustamente estigmatizados, se benefician enormemente de las interacciones positivas con otros perros y personas. Los parques aptos para perros, los paseos en grupo o las citas de juego organizadas ofrecen oportunidades para que los pitbulls socialicen, fomentando un comportamiento positivo y previniendo la agresión o los problemas relacionados con el miedo. La socialización temprana y continua contribuye a un Pitbull bien adaptado y confiado.

En conclusión, cumplir con los requisitos de ejercicio diario para un Pitbull es esencial para promover su bienestar físico y mental. Las caminatas regulares, las sesiones de juego activo, los juguetes interactivos, el entrenamiento de obediencia y diversas actividades contribuyen a una rutina de ejercicios completa. Adaptar la intensidad y la duración de las actividades a las necesidades individuales del perro, teniendo en cuenta factores como la edad y la salud, garantiza un enfoque equilibrado del ejercicio. La socialización y la estimulación mental son componentes igualmente cruciales de la rutina diaria de un Pitbull, ya que fomentan un compañero canino sano, contento y de buen comportamiento. La propiedad responsable y atenta y el compromiso de satisfacer estas necesidades de ejercicio permiten a los Pitbulls mostrar su verdadera naturaleza como compañeros leales, inteligentes y enérgicos.

Actividades de enriquecimiento

Los pitbulls, conocidos por su fuerza, inteligencia y energía ilimitada, son una raza que prospera en diversas actividades de enriquecimiento para mantener el bienestar físico y mental. El enriquecimiento va más allá del mero ejercicio, abarca actividades que estimulan la mente de un pitbull, involucran sus sentidos y satisfacen sus instintos naturales. Esta sección profundiza en la importancia del enriquecimiento para los Pitbulls, examina la amplia gama de actividades que cumplen con sus requisitos específicos y analiza cómo la tenencia responsable puede resultar en un amigo perro feliz y completo.

Las actividades de enriquecimiento juegan un papel crucial en la mejora de la calidad de vida general de los Pitbulls. Estas actividades van más allá del aspecto físico del ejercicio y abordan la inteligencia, la curiosidad y la necesidad de estimulación mental de la raza. Los pitbulls, al ser perros inteligentes y sociales, se benefician significativamente de las actividades que involucran sus mentes, previenen comportamientos relacionados con el aburrimiento y fomentan una vida más equilibrada y feliz. El enriquecimiento no es solo un lujo para estos perros; Es un aspecto fundamental de la propiedad responsable que contribuye a su bienestar.

Una forma fundamental de enriquecimiento para los Pitbulls es el juego interactivo con juguetes. Los pitbulls, masticadores fuertes, se benefician de juguetes duraderos que pueden soportar sus poderosas mandíbulas. Los juguetes que dispensan golosinas o tienen diferentes texturas involucran sus sentidos y brindan estimulación mental. El juego interactivo satisface su necesidad de actividad física y fortalece el vínculo entre el Pitbull y su dueño. Es fundamental rotar los juguetes con regularidad para mantener las actividades novedosas y evitar la monotonía.

Los juguetes de rompecabezas son excelentes herramientas para el enriquecimiento mental. Estos juguetes desafían las habilidades de resolución de problemas del pitbull a medida que descubren cómo acceder a las golosinas o croquetas escondidas en su interior. Los comederos de rompecabezas, las bolas dispensadoras de golosinas y otros juguetes interactivos hacen que la hora de comer sea más atractiva, convirtiendo una actividad rutinaria en una experiencia mentalmente estimulante. La incorporación de una variedad de juguetes de rompecabezas evita el aburrimiento y le da al Pitbull una sensación de logro.

El entrenamiento de obediencia sirve como enriquecimiento mental y físico para los Pitbulls. Estos perros inteligentes disfrutan aprendiendo nuevas órdenes y trucos, y las sesiones regulares de entrenamiento ejercitan sus mentes y contribuyen a un compañero receptivo y de buen comportamiento. Las técnicas de refuerzo positivo, mediante golosinas o elogios, mejoran la experiencia de entrenamiento y fortalecen el vínculo entre el Pitbull y su dueño. El entrenamiento de obediencia también proporciona una vía para la socialización, enseñando al perro a responder a órdenes en varios entornos y alrededor de diferentes personas.

El enriquecimiento sensorial es otro aspecto vital de la vida completa de un Pitbull. Involucrar sus sentidos a través de actividades como olfatear, explorar nuevas texturas o experimentar diferentes entornos contribuye a su estimulación mental. Llevar al Pitbull a diferentes rutas de senderismo, permitirles investigar varios olores o brindarles oportunidades de exploración en entornos seguros y controlados mejora sus experiencias sensoriales. El enriquecimiento sensorial es especialmente beneficioso para estos perros, ya que su fuerte sentido del olfato y su curiosidad son características intrínsecas.

Una forma de enriquecimiento a menudo subestimada para los pitbulls es la socialización. A pesar de su reputación a veces injusta, los Pitbulls son animales sociales que se benefician enormemente de las interacciones positivas con otros perros y personas. Las citas de juego organizadas, las visitas a parques aptos para perros o las caminatas grupales brindan oportunidades para que el Pitbull socialice, fomentando un comportamiento positivo y previniendo problemas relacionados con el miedo o la agresión. La socialización temprana y continua contribuye a un Pitbull bien adaptado y confiado.

Las actividades físicas más allá de las caminatas rutinarias contribuyen aún más al enriquecimiento general de un Pitbull. Actividades como el entrenamiento de agilidad proporcionan estimulación mental y física. Los cursos de agilidad involucran el cuerpo y la mente del perro con obstáculos como túneles, saltos y postes de tejido. Participar en actividades de agilidad cumple con sus requisitos de ejercicio y perfecciona su agilidad, coordinación y capacidad de respuesta a las órdenes. Muchos Pitbulls encuentran que el entrenamiento de agilidad es una experiencia gratificante y agradable.

Las actividades acuáticas como la natación ofrecen ejercicio de bajo impacto y enriquecimiento para los pitbulls. La natación no solo proporciona un entrenamiento de cuerpo completo, sino que también ofrece una experiencia sensorial única. Introducir a los pitbulls en el agua gradualmente y asegurar una asociación positiva con la natación puede convertir esta actividad en un enriquecimiento agradable. La natación es particularmente beneficiosa para los pitbulls con problemas articulares o de movilidad, ya que proporciona una opción de ejercicio menos extenuante pero efectiva.

La creación de oportunidades para la resolución de problemas es un aspecto integral del enriquecimiento mental. Los pitbulls, al ser perros inteligentes, disfrutan de actividades que desafían sus capacidades cognitivas. Juegos de escondite con golosinas, en los que el Pitbull tiene que encontrar bocadillos escondidos en la casa o el patio, involucrar su sentido del olfato y proporcionar estimulación mental. Los rompecabezas interactivos de comida que requieren que el perro descubra cómo acceder a las golosinas estimulan las habilidades de resolución de problemas y mantienen la mente activa. Los

juguetes para masticar tienen un doble propósito para los Pitbulls: proporcionan enriquecimiento mental y una salida para sus instintos naturales de masticación. Elegir juguetes para masticar duraderos y seguros es crucial, teniendo en cuenta la fuerza de las mandíbulas de un Pitbull. Masticar los mantiene ocupados y promueve la salud dental al reducir la acumulación de placa y sarro. La incorporación de una variedad de juguetes para masticar, como juguetes de goma, huesos de nailon o masticables dentales, evita el aburrimiento y satisface su necesidad de masticar positivamente.

Crear un espacio seguro y cómodo para el Pitbull también contribuye a su enriquecimiento. Este espacio es un ambiente tranquilo donde el Pitbull puede relajarse y sentirse seguro. Las experiencias positivas en su espacio designado contribuyen a su sensación general de bienestar.

Se deben tener en cuenta las preferencias individuales y el temperamento del Pitbull al seleccionar las actividades de enriquecimiento. Mientras que algunos Pitbulls pueden disfrutar de actividades más activas y dinámicas, otros prefieren una estimulación mental más suave. Prestar atención a las reacciones del perro y adaptar las actividades a sus preferencias garantiza que la experiencia de enriquecimiento sea agradable y beneficiosa. La flexibilidad en la incorporación de diversas actividades evita la rutina y mantiene al Pitbull comprometido.

La tenencia responsable es un componente crucial para proporcionar un enriquecimiento adecuado a los Pitbulls. Comprender las características de la raza, reconocer las necesidades individuales y dedicar tiempo y esfuerzo a su bienestar contribuyen a un compañero canino feliz y contento. Los chequeos veterinarios regulares aseguran que el Pitbull esté en buen estado de salud, lo que permite a los propietarios adaptar las actividades de enriquecimiento en función de consideraciones médicas específicas. La tenencia responsable también implica monitorear las reacciones del Pitbull durante las actividades, garantizando su seguridad y bienestar.

A pesar de su reputación negativa a veces injustificada, los pitbulls son perros cariñosos, leales y altamente entrenables que pueden prosperar en entornos enriquecidos. La tenencia responsable, que incorpora diversas actividades que satisfacen sus necesidades físicas y mentales, promueve su bienestar general y desafía las percepciones erróneas sobre la raza. Las actividades de enriquecimiento no son solo un lujo para los Pitbulls; Son un aspecto fundamental para proporcionar una vida plena y contenta a este compañero inteligente y amoroso.

Estimulando la mente de tu pitbull

Los pitbulls, famosos por su fuerza, lealtad y energía ilimitada, son perros inteligentes y curiosos que prosperan con la estimulación mental. Si bien el ejercicio físico es esencial para su bienestar, estimular sus mentes es igualmente crucial para una vida equilibrada y satisfecha. En esta sección, exploramos la importancia de la estimulación mental para los Pitbulls, profundizamos en las capacidades cognitivas de la raza y discutimos diversas actividades que satisfacen sus necesidades intelectuales. Comprender cómo involucrar y desafiar la mente de un pitbull contribuye a su felicidad general y fortalece el vínculo entre el perro y su dueño.

Los pitbulls, como muchas otras razas inteligentes, se beneficiarán significativamente de la estimulación mental. Si bien su destreza física a menudo ocupa un lugar central, descuidar sus necesidades cognitivas puede conducir a comportamientos relacionados con el aburrimiento, como masticar, cavar o ladrar en exceso. Involucrar la mente de un pitbull previene comportamientos indeseables y proporciona una salida para su inteligencia y curiosidad innatas. La estimulación mental contribuye a un Pitbull completo y contento, mostrando la verdadera naturaleza de la raza más allá de su físico musculoso.

Comprender las capacidades cognitivas de los pitbulls es esencial para adaptar las actividades prácticas de estimulación mental. A los pitbulls les gustan los desafíos que requieren que piensen y usen sus sentidos. Ya sea descubriendo cómo acceder a las golosinas escondidas en un juguete de rompecabezas o dominando un nuevo truco durante el entrenamiento, los pitbulls prosperan con actividades que involucran sus mentes y aprovechan su inteligencia natural.

El juego interactivo con juguetes es una forma fundamental de estimular la mente de un pitbull. Los juguetes duraderos que dispensan golosinas o tienen diferentes texturas involucran sus sentidos y brindan estimulación mental. El juego interactivo satisface su necesidad de actividad física y desafía sus habilidades para resolver problemas. Los juguetes que animan al Pitbull a trabajar para obtener recompensas, como las pelotas dispensadoras de golosinas o los comederos de rompecabezas, convierten el tiempo de juego en una experiencia mentalmente enriquecedora. Los juguetes que rotan regularmente mantienen las actividades novedosas y evitan el aburrimiento.

El entrenamiento de obediencia es una herramienta poderosa para estimular la mente de un Pitbull y fomentar un vínculo más fuerte entre el perro y su dueño. Estos perros inteligentes disfrutan aprendiendo nuevas órdenes y trucos, y las sesiones regulares de entrenamiento ejercitan sus mentes y contribuyen a un compañero receptivo y de buen comportamiento. Las técnicas de refuerzo positivo, mediante golosinas o elogios, mejoran la experiencia de entrenamiento y crean una asociación positiva con el aprendizaje. Enseñarle a Pitbull nuevos trucos o reforzar los comandos existentes mantiene sus mentes agudas y comprometidas.

El enriquecimiento sensorial es otro aspecto vital para estimular la mente de un Pitbull. Involucrar sus sentidos a través de actividades como olfatear, explorar nuevas texturas o experimentar diferentes entornos contribuye a su bienestar mental. Los pitbulls tienen un agudo sentido del olfato, y brindar oportunidades para actividades basadas en el olor, como esconder golosinas en la casa o el patio, aprovecha sus instintos. Las caminatas regulares en diferentes entornos los exponen a nuevas vistas, sonidos y olores, enriqueciendo sus experiencias sensoriales.

Las actividades de resolución de problemas, como los juegos de escondite, proporcionan estimulación mental a los pitbulls. La creación de búsquedas del tesoro o el uso de juguetes interactivos que requieren que el perro manipule partes para acceder a las golosinas fomenta las habilidades de resolución de problemas. Estas actividades proporcionan estimulación mental y mantienen al Pitbull entretenido y concentrado.

Los juguetes para masticar tienen un doble propósito para los Pitbulls: proporcionan enriquecimiento mental y una salida para sus instintos naturales de masticación. Elegir juguetes para masticar duraderos y seguros es crucial, teniendo en cuenta la fuerza de las mandíbulas de un Pitbull. Masticar los mantiene ocupados y promueve la salud dental al reducir la acumulación de placa y sarro. La incorporación de una variedad de juguetes para masticar, como juguetes de goma, huesos de nailon o masticables dentales, evita el aburrimiento y satisface su necesidad de masticar positivamente.

Los rompecabezas interactivos de comida son herramientas prácticas para la estimulación mental. Estos rompecabezas requieren que el Pitbull manipule partes o resuelva desafíos para acceder a golosinas o croquetas. Los rompecabezas de comida vienen en varios diseños, desde los simples que necesitan rodar hasta los más complejos que involucran partes deslizantes o giratorias. El uso de rompecabezas interactivos durante la hora de comer convierte una actividad rutinaria en una experiencia mentalmente atractiva. También ralentiza el ritmo de alimentación, favoreciendo una mejor digestión.

Participar en actividades de trabajo de nariz aprovecha el fuerte sentido del olfato del Pitbull y proporciona estimulación mental. El trabajo de olfato consiste en enseñar al perro a encontrar olores u objetos ocultos utilizando su sentido del olfato. Presentarles nuevos aromas o crear rastros olfativos para que los sigan añade una capa de complejidad, lo que hace que el trabajo de la nariz sea una actividad enriquecedora y atractiva.

El juego interactivo con el dueño, como buscar o tirar de la cuerda, proporciona ejercicio físico y estimula la mente del Pitbull. La incorporación de variaciones, como esconder juguetes o cambiar las reglas del juego, hace que la actividad sea emocionante y mentalmente enriquecedora. Jugar con el dueño fortalece el vínculo entre el Pitbull y su familia, creando una relación positiva e interactiva. También permite al propietario observar y comprender los comportamientos y preferencias del perro.

Los cursos de agilidad involucran el cuerpo y la mente del perro con obstáculos como túneles, saltos y postes de tejido. Participar en actividades de agilidad cumple con sus requisitos de ejercicio y perfecciona su agilidad, coordinación y capacidad de respuesta a las órdenes. Muchos pitbulls consideran que el entrenamiento de agilidad es una experiencia gratificante y agradable, que combina la actividad física con desafíos mentales.

Crear un ambiente estimulante en casa contribuye al bienestar mental de un Pitbull. La creación de áreas de juego designadas o la incorporación de estructuras de escalada y túneles complican su entorno. Un espacio cómodo y seguro con una mezcla de juguetes, artículos para masticar y rompecabezas interactivos garantiza que el Pitbull tenga oportunidades de estimulación mental incluso cuando el dueño no participa activamente.

La propiedad responsable juega un papel crucial en la estimulación efectiva de la mente de un Pitbull. Comprender las características de la raza, reconocer las necesidades individuales y dedicar tiempo y esfuerzo a su bienestar contribuyen a un compañero canino feliz y contento. Los chequeos veterinarios regulares aseguran que el Pitbull esté en buen estado de salud, lo que permite a los propietarios adaptar las actividades de estimulación mental en función de consideraciones médicas específicas. La tenencia responsable también implica monitorear las reacciones del Pitbull durante las actividades, garantizando su seguridad y bienestar.

En conclusión, estimular la mente de un Pitbull es un aspecto integral de la tenencia responsable que contribuye a su bienestar. Involucrar su inteligencia y curiosidad a través del juego interactivo, el entrenamiento de obediencia, el enriquecimiento sensorial, las actividades de resolución de problemas y varios juguetes interactivos fomenta una vida más equilibrada y feliz. Los dueños responsables que invierten tiempo y esfuerzo en comprender las preferencias individuales de sus pitbulls y proporcionar un entorno estimulante previenen problemas de comportamiento y crean un vínculo fuerte y positivo con sus compañeros inteligentes y amorosos.

CAPÍTULO VIII

Salud y Nutrición

Chequeos veterinarios regulares

Los chequeos veterinarios regulares son una piedra angular de la tenencia responsable de mascotas. Para los Pitbulls, una raza conocida por su fuerza, lealtad y naturaleza afectuosa, estos chequeos son cruciales para mantener su salud y bienestar general. En esta sección, exploramos la importancia de la atención veterinaria de rutina para los Pitbulls, discutimos las consideraciones de salud específicas asociadas con la raza y enfatizamos el papel de la atención médica preventiva para garantizar una vida larga y saludable para estos queridos compañeros caninos.

Los pitbulls, como todas las razas de perros, se benefician

significativamente de los chequeos veterinarios regulares. Si bien los pitbulls a menudo se asocian con la resiliencia y la robustez, no son inmunes a los problemas de salud, y la detección e intervención tempranas a través de chequeos veterinarios regulares pueden marcar una diferencia significativa en su calidad de vida en general. Un

aspecto primordial de los chequeos veterinarios regulares para los Pitbulls involucra medidas de cuidado preventivo. La atención preventiva está diseñada para identificar y abordar posibles problemas de salud antes de que se intensifiquen, lo que contribuye a una vida más larga y saludable para el perro. Esto incluye vacunas de rutina para proteger contra enfermedades caninas comunes, control regular de parásitos para prevenir infestaciones y cuidado dental para mantener la salud bucal. Los pitbulls, conocidos por sus poderosas mandíbulas, pueden beneficiarse de los chequeos y limpiezas dentales para prevenir problemas dentales que pueden afectar su bienestar general.

La orientación nutricional es otro componente crucial de los chequeos veterinarios regulares de los Pitbulls. La complexión musculosa y la naturaleza enérgica de la raza requieren una dieta bien equilibrada y adecuada para apoyar su salud en general. El control regular del peso y las evaluaciones nutricionales ayudan a garantizar que los pitbulls reciban los nutrientes necesarios. Los veterinarios pueden proporcionar consejos personalizados sobre los horarios de alimentación, el tamaño de las porciones y las opciones dietéticas para mantener un peso saludable y prevenir problemas relacionados con la obesidad, que pueden ser una preocupación para esta raza.

Los chequeos veterinarios regulares son un momento oportuno para abordar las preocupaciones conductuales o psicológicas que pueden afectar a los Pitbulls. Estos perros son conocidos por su inteligencia y lealtad, pero también pueden exhibir ciertos comportamientos que requieren atención. Además, las visitas rutinarias al veterinario proporcionan una vía para discutir estrategias de entrenamiento y actividades de estimulación mental y abordar las preocupaciones sobre el bienestar general del Pitbull.

La atención preventiva para los pitbulls también incluye exámenes de detección de consideraciones de salud específicas de la raza. Si bien los pitbulls son generalmente una raza sana, pueden estar predispuestos a ciertas afecciones, como la displasia de cadera o las alergias. Los exámenes veterinarios frecuentes facilitan la identificación temprana de estos problemas a través de cribas, lo que permite a los veterinarios y a sus propietarios crear planes de gestión o intervención. La atención proactiva, junto con el descubrimiento temprano, puede mejorar significativamente la calidad de vida del perro y disminuir los efectos de problemas de salud específicos.

Para los Pitbulls, las vacunas son una parte esencial del tratamiento preventivo. Los exámenes veterinarios frecuentes ofrecen la oportunidad de confirmar que el perro ha recibido todas las vacunas necesarias. El adenovirus, el moquillo, el parvovirus y la rabia son inmunizaciones básicas que protegen a los pitbulls de enfermedades potencialmente mortales. Además, se podrían aconsejar las vacunas no esenciales a la luz del estilo de vida del perro y la posible exposición a peligros particulares.

La prevención de parásitos es un componente esencial de la atención veterinaria de rutina para los Pitbulls. Las pulgas, las garrapatas y los parásitos intestinales pueden suponer importantes riesgos para la salud de estos perros. Los chequeos veterinarios regulares permiten administrar medicamentos preventivos para proteger a los Pitbulls de estos parásitos. Las medidas preventivas contribuyen al bienestar del perro y protegen a los propietarios y a sus familias de posibles enfermedades zoonóticas. La orientación veterinaria sobre estrategias efectivas de control de parásitos es crucial para mantener el entorno de vida saludable y cómodo de los Pitbulls.

La higiene bucal se descuida con frecuencia con respecto a la salud general de un Pitbull, pero los exámenes veterinarios de rutina ofrecen la oportunidad de discutirlo. Los pitbulls pueden ser más susceptibles a afecciones dentales como la gingivitis, la enfermedad periodontal y la acumulación de placa y sarro debido a sus poderosas mandíbulas. Los veterinarios están calificados para evaluar la salud bucal del perro, sugerir prácticas adecuadas de higiene dental y, si es necesario, proporcionar limpiezas profesionales. Mantener una buena higiene dental beneficia la salud general de los pitbulls y favorece la solidez de los dientes y las encías.

A medida que los pitbulls envejecen, los chequeos veterinarios regulares se vuelven aún más críticos para abordar las consideraciones de salud relacionadas con la edad. Los pitbulls mayores pueden experimentar cambios en la movilidad, la salud de las articulaciones y la función de los órganos. El monitoreo periódico a través de exámenes veterinarios, análisis de sangre y pruebas diagnósticas permite la detección temprana de afecciones relacionadas con la edad, como la artritis o la enfermedad renal. Se pueden implementar planes de atención médica personalizados, incluidos ajustes dietéticos y modificaciones en el estilo de vida, para garantizar la comodidad y el bienestar de los Pitbulls mayores.

Los chequeos veterinarios regulares también ofrecen la oportunidad de discutir e implementar un programa de vacunación adecuado para los cachorros de Pitbull. Con su sistema inmunológico en desarrollo, los cachorros requieren una serie de vacunas para proporcionar inmunidad contra enfermedades comunes. Los veterinarios pueden guiar a los propietarios sobre el momento y los tipos de vacunas necesarias y brindar consejos sobre la socialización, el entrenamiento y la nutrición del cachorro de Pitbull en crecimiento. La atención veterinaria temprana sienta las bases para un Pitbull adulto sano y bien adaptado.

Los problemas de comportamiento, la ansiedad o los cambios de temperamento pueden ser indicativos de problemas de salud subyacentes o angustia psicológica. Los veterinarios pueden guiar las técnicas de modificación del comportamiento y las estrategias de entrenamiento y, si es necesario, recomendar consultas con especialistas en comportamiento animal. Abordar el bienestar mental es fundamental para garantizar la felicidad general y la armonía de un Pitbull dentro de la familia.

La propiedad responsable incluye comprender las consideraciones de salud específicas asociadas con los Pitbulls y participar activamente en su atención médica preventiva. Las revisiones veterinarias periódicas deben considerarse respuestas proactivas y no reactivas a los problemas de salud. Este enfoque permite la intervención temprana, la atención preventiva y el establecimiento de una sólida asociación entre los propietarios y los veterinarios para promover la salud y el bienestar de los pitbulls.

Si bien los chequeos veterinarios regulares son esenciales, es igualmente crucial que los propietarios estén atentos a cualquier cambio en el comportamiento, el apetito o la condición física de su Pitbull entre citas. La comunicación rápida con el veterinario sobre cualquier inquietud garantiza que los posibles problemas se aborden con prontitud. Además de la atención veterinaria, los procedimientos rutinarios de cuidado en el hogar, como el cepillado, la limpieza y la alimentación con alimentos balanceados, promueven el bienestar general y la salud de los pitbulls.

En resumen, los exámenes veterinarios de rutina son esenciales para la tenencia responsable de Pitbull y ayudan a mantener su salud general, su vida útil y su bienestar. Las inspecciones veterinarias regulares deben incluir medidas de atención preventiva, vacunas, tratamiento dental, manejo de parásitos y pruebas para detectar problemas de salud exclusivos de una raza en particular. Los dueños de pitbulls y los veterinarios colaboran estrechamente para abordar problemas de salud, ofrecer consejos sobre atención preventiva y fortalecer el vínculo entre las personas y sus devotos amigos caninos. Los exámenes veterinarios frecuentes garantizan la salud física y mental de los Pitbulls, lo que les permite vivir vidas felices y saludables como miembros valiosos de la familia.

Elegir la dieta adecuada

La dieta adecuada es esencial para apoyar su construcción muscular, mantener los niveles de energía y abordar las consideraciones de salud específicas asociadas con la raza. En esta sección, profundizamos en la importancia de una nutrición adecuada para los Pitbulls, exploramos sus requisitos dietéticos únicos y brindamos orientación sobre cómo elegir una dieta bien equilibrada y adecuada para garantizar su longevidad y vitalidad.

Los pitbulls son una raza musculosa, atlética y devota, y sus necesidades nutricionales son cruciales para su salud y bienestar general. Necesitan la alimentación adecuada para apoyar su construcción muscular, mantener sus niveles de energía y cuidar de los problemas de salud específicos de la raza. Esta sección profundiza en la importancia de una nutrición adecuada para los pitbulls, examina sus necesidades dietéticas particulares y ofrece sugerencias para seleccionar un alimento saludable y bien equilibrado para mantener la longevidad y la vitalidad.

Los pitbulls, conocidos por su fuerza y tenacidad,

necesitan una dieta que satisfaga sus necesidades únicas debido a sus niveles de energía, volumen muscular y posibles problemas de salud. Los pitbulls tienen un metabolismo más significativo que otras razas más pequeñas o menos activas; Por lo tanto, para mantener su energía y su salud en general, pueden necesitar una dieta rica en nutrientes particulares. Por lo tanto, elegir la dieta adecuada requiere conocer los rasgos específicos de la raza y hacer ajustes dietéticos en consecuencia.

La cantidad de proteínas que los pitbulls necesitan en su

dieta es un factor esencial. Los pitbulls son una raza atlética y musculosa que se beneficia enormemente de comer fuentes de proteína animal de alta calidad en su dieta. La proteína es necesaria para el crecimiento, el mantenimiento y la reparación de los músculos, lo que apoya el ajetreado estilo de vida de los Pitbulls. Para proporcionar los aminoácidos esenciales necesarios para la fuerza y agilidad de la raza, busca dietas para perros que tengan carne, pollo o pescado como ingrediente principal.

Otra parte esencial de la dieta de un Pitbull es la grasa. Aunque controlar el consumo de grasas es crucial para evitar la obesidad, estos caninos enérgicos se benefician significativamente de las grasas saludables como una excelente fuente de energía. El estado de la piel, la salud del pelaje y el bienestar general dependen de los ácidos grasos omega-3 y omega-6. Alimentos como la linaza y el aceite de pescado los contienen. Estabilizar el nivel de grasa de la comida ayuda a satisfacer las necesidades energéticas del Pitbull sin cambiar su peso ni aumentar su riesgo de problemas de salud.

Los pitbulls necesitan hidratos de carbono en su dieta ya que son una fuente de energía. Sin embargo, es importante elegir carbohidratos complejos, como los de los cereales integrales y las verduras, en lugar de los simples. El Pitbull se mantiene activo sin experimentar un aumento en los niveles de azúcar en la sangre gracias a la liberación gradual de energía de los carbohidratos complejos. Los pitbulls requieren una dieta bien balanceada con las proporciones adecuadas de grasas, proteínas y carbohidratos para prosperar.

Los dueños de Pitbulls deben tener en cuenta la posibilidad de alergias o sensibilidades alimentarias al decidir sobre una dieta. Ciertos Pitbulls pueden ser más susceptibles a las alergias, que con frecuencia se manifiestan como infecciones gastrointestinales, de la piel o del oído. Las dietas para perros con menos aditivos o nuevas fuentes de proteínas pueden ayudar a manejar las sensibilidades. Ocasionalmente puede ser necesario el consejo de un veterinario para identificar problemas alimentarios específicos y sugerir soluciones hipoalergénicas adecuadas.

Los cachorros de pitbull tienen diferentes requerimientos nutricionales que los perros adultos, por lo que su dieta debe promover un crecimiento y desarrollo saludables. Se aconseja alimentar a un Pitbull con un alimento premium para cachorros diseñado para razas medianas y grandes en sus primeros años. Estas dietas suministran las cantidades adecuadas de minerales, como fósforo y calcio, para apoyar el desarrollo de huesos y músculos fuertes. A medida que crecen, los pitbulls ajustan sus dietas para satisfacer sus cambiantes necesidades energéticas, y una transición sin problemas es crucial para su salud a largo plazo.

A la hora de elegir la dieta adecuada para los Pitbulls, es esencial ser consciente de cualquier riesgo potencial para la salud relacionado con la raza. Los pitbulls pueden ser más propensos a las alergias cutáneas o a la displasia de cadera, por ejemplo. La atención médica preventiva requiere una planificación alimentaria para tratar o minimizar estos problemas. Puede valer la pena buscar comidas especializadas para perros diseñadas para la salud de las articulaciones o la piel sensible, y hablar con un veterinario puede ofrecer información esencial sobre las decisiones dietéticas que mejor apoyen el perfil de salud particular del Pitbull.

Los dueños de pitbulls a menudo contemplan los pros y las desventajas de las dietas caseras frente a la comida comercial para perros. Ambas soluciones tienen ventajas; En última instancia, la elección se reduce a las preferencias personales, las limitaciones financieras y los requisitos del perro. Para garantizar que cumplen con los criterios nutricionales, las dietas comerciales premium para perros de razas medianas a grandes se someten con frecuencia a pruebas exhaustivas. Si se opta por seguir una dieta casera, se debe tener cuidado de que las proteínas, las grasas, los carbohidratos y las vitaminas y minerales vitales estén equilibrados. Contar con el asesoramiento de un veterinario o un nutricionista canino puede ayudar a garantizar que una dieta casera sea completa y se ajuste a los requisitos únicos de un pitbull.

La dieta de alimentos crudos, también conocida como dieta natural o BARF (Alimentos Crudos Biológicamente Apropiados), es otra opción que exploran algunos dueños de Pitbulls. Los defensores de la dieta de alimentos crudos creen que promueve la salud dental, mejora la condición del pelaje y proporciona una nutrición óptima. Sin embargo, es esencial abordar la dieta de alimentos crudos con cautela, ya que requiere una atención meticulosa a la higiene, los posibles desequilibrios de nutrientes y el riesgo de contaminación bacteriana. Antes de adoptar una dieta de alimentos crudos, los propietarios deben investigar a fondo y consultar con profesionales veterinarios para garantizar su seguridad e idoneidad para su Pitbull.

Debido a su metabolismo más alto y su complexión muscular, los pitbulls pueden tener una propensión a aumentar de peso si se alimentan en exceso o se les dan golosinas excesivas. El control de peso de los perros se puede lograr a través de un control regular del peso, ajustes de las porciones basados en el nivel de actividad y una variedad bien equilibrada de golosinas que mejoran la dieta del perro. La prevención de enfermedades relacionadas con la obesidad, como las enfermedades articulares y cardiovasculares, requiere mantener un peso saludable.

Beber suficiente agua es una parte esencial, pero a veces descuidada, de la dieta de un pitbull. Es necesaria una cantidad suficiente de agua fresca y limpia para que estos caninos enérgicos mantengan sus niveles de energía y eviten la deshidratación. El agua siempre debe estar disponible durante todo el día, especialmente después del esfuerzo. Muchos procesos corporales, como la digestión, la absorción de nutrientes y la regulación de la temperatura, dependen de una hidratación suficiente. La salud general de los pitbulls puede verse afectada negativamente por la deshidratación. Por lo tanto, los propietarios deben asegurarse de que sus perros siempre tengan acceso al agua durante todo el día, lo cual es esencial, especialmente después de la actividad física. La hidratación es fundamental para diversas funciones corporales, como la digestión, la absorción de nutrientes y la regulación de la temperatura. La deshidratación puede afectar el bienestar general de un pitbull, por lo que los dueños deben asegurarse conscientemente de que sus perros tengan acceso constante al agua.

La edad, el nivel de actividad y la salud general de un pitbull influyen en el tipo de dieta que mejor se adapte a sus necesidades. Los pitbulls adultos que hacen ejercicio con regularidad pueden beneficiarse de las dietas diseñadas para razas activas o de trabajo, que proporcionan la energía y los nutrientes adicionales necesarios para su exigente actividad física. Los pitbulls mayores, por otro lado, pueden beneficiarse de dietas diseñadas para abordar las preocupaciones relacionadas con la edad, como la salud de las articulaciones y los cambios en el metabolismo. Ajustar la dieta para alinearla con la etapa específica de la vida del Pitbull garantiza que reciba la nutrición adecuada para su edad y niveles de actividad.

Las consultas veterinarias periódicas desempeñan un papel crucial para garantizar que la dieta elegida satisfaga las necesidades individuales de un pitbull. Los veterinarios pueden evaluar la salud general del perro, controlar cualquier cambio de peso o condición corporal y proporcionar recomendaciones para ajustes en la dieta si es necesario. Los exámenes frecuentes también permiten identificar a tiempo problemas de salud que pueden afectar a las necesidades nutricionales de un perro. Mantener abiertas las líneas de contacto con el veterinario garantiza que la dieta del Pitbull se ajuste constantemente para adaptarse a sus cambiantes necesidades de salud.

En conclusión, seleccionar la dieta adecuada para los pitbulls es un proceso complejo que requiere pensar seriamente en todos sus rasgos únicos, edad, grado de actividad y posibles problemas de salud. Los propietarios deben ser conscientes de las necesidades nutricionales especiales de su raza, vigilar las cantidades de las porciones y modificar sus dietas de acuerdo con su actividad y niveles de edad. Las visitas frecuentes al veterinario ofrecen consejos invaluables sobre cómo personalizar la dieta según los requisitos únicos de cada Pitbull, extendiendo su vida útil, vigor y bienestar general.

Problemas de salud comunes en los pitbulls

Los pitbulls, conocidos por su fuerza, lealtad y naturaleza cariñosa, son perros robustos conocidos por su resistencia general. Sin embargo, como cualquier otra raza, los pitbulls pueden estar predispuestos a problemas de salud específicos que los propietarios deben tener en cuenta para garantizar su bienestar. En esta publicación, veremos algunos problemas de salud comunes que enfrentan los Pitbulls y sus causas, síntomas y técnicas de manejo que pueden ayudar a estos queridos amigos caninos a vivir vidas largas y saludables.

La displasia de cadera, un trastorno genético que puede afectar las articulaciones de la cadera, es un problema de salud común entre los Pitbulls. La displasia de cadera es una afección con desgaste en la articulación de la cadera porque no encaja bien en la cavidad de la cadera. La displasia de cadera es genética, pero los factores ambientales, como el crecimiento rápido o el aumento significativo de peso, pueden empeorar la afección. La displasia de cadera suele ir acompañada de una disminución de la actividad, resistencia de las escaleras o una alteración perceptible de la zancada. Los pitbulls que toman medidas preventivas, como el ejercicio regular, los suplementos para las articulaciones y el mantenimiento adecuado del peso, pueden disminuir los efectos de la displasia de cadera.

Las alergias cutáneas son otro problema de salud que puede afectar a los Pitbulls, causando molestias e irritación. Las alergias pueden ser el resultado de varios factores, incluidos los desencadenantes ambientales como el polen o los ácaros del polvo, ciertos alimentos o el contacto con irritantes. Los pitbulls con alergias en la piel con frecuencia experimentan picazón, enrojecimiento, pérdida de cabello e infecciones de oído repetidas como síntomas. Controle y evite las reacciones alérgicas identificando y eliminando el alérgeno mediante modificaciones dietéticas, control ambiental o pruebas de alergia. El aseo regular, como lavarse y cepillarse, ayuda a que la piel de los pitbulls se mantenga saludable y prevenga problemas relacionados con la piel.

Los pitbulls son más propensos a tener problemas cardíacos, siendo la estenosis aórtica uno de los más comunes. Si bien los síntomas no siempre son evidentes, los casos graves pueden causar intolerancia al ejercicio, soplos cardíacos y desmayos. La detección temprana y el tratamiento de los trastornos cardíacos son posibles gracias a los exámenes veterinarios de rutina, que incluyen exámenes cardíacos. Dependiendo de la gravedad del problema, se pueden hacer recomendaciones de medicamentos o procedimientos quirúrgicos, lo que mejorará la calidad de vida de los Pitbulls con problemas cardíacos.

La sordera es un problema de salud que puede afectar a algunos Pitbulls, con una predisposición genética en colores de pelaje específicos, como el blanco. La sordera congénita está presente al nacer y los Pitbulls afectados pueden mostrar comportamientos como no responder a los sonidos o tener dificultades para despertarse. Si bien la sordera no se puede curar, las técnicas de entrenamiento que utilizan señales visuales o táctiles pueden ayudar a los propietarios a comunicarse de manera efectiva con sus pitbulls sordos. La detección temprana y el entrenamiento de refuerzo positivo contribuyen a una vida plena para los pitbulls con sordera congénita, lo que les permite adaptarse y prosperar en su entorno.

Los pitbulls pueden tener cataratas, opacidades en el cristalino del ojo que afectan la visión. Los pitbulls pueden estar predispuestos a las cataratas de inicio temprano por variables genéticas específicas, aunque las cataratas pueden desarrollarse con la edad. Algunos síntomas incluyen una apariencia nublada en el ojo, problemas para ver con poca luz o anomalías de comportamiento. A los pitbulls que tienen cataratas se les puede extirpar quirúrgicamente para restaurar su visión. Para preservar la salud ocular y reducir el desarrollo de cataratas en los Pitbulls, los exámenes oculares de rutina y las acciones preventivas como proteger los ojos de los traumatismos son esenciales.

Los pitbulls experimentan con frecuencia problemas ortopédicos relacionados con lesiones del ligamento cruzado, en particular la rotura del ligamento cruzado craneal (LCC). Debido a que el LCC estabiliza la articulación de la rodilla, el daño puede ser el resultado de un traumatismo, obesidad o tendencias hereditarias. Un daño en el ligamento cruzado puede manifestarse como una cojera, dolor al soportar peso sobre la pierna lesionada o hinchazón alrededor de la articulación de la rodilla. Dependiendo de la extensión del daño, las opciones de tratamiento incluyen fisioterapia, reposo o cirugía. Mantienen a los pitbulls en un peso saludable, hacen ejercicio con frecuencia y evitan los saltos excesivos o las actividades exigentes, todo lo cual ayuda a prevenir lesiones del ligamento cruzado.

Ciertos pitbulls pueden estar predispuestos a afecciones de la piel como la sarna demodéctica causada por el ácaro Demodex. Si bien estos ácaros están comúnmente presentes en la piel, un crecimiento excesivo puede provocar inflamación de la piel y pérdida de cabello. Los sistemas inmunitarios débiles, la genética o el estrés pueden contribuir al desarrollo de la sarna demodécica. Los síntomas incluyen calvas, enrojecimiento y lesiones en la piel. El tratamiento consiste en abordar la causa subyacente, estimular el sistema inmunológico y controlar los síntomas con champús medicinales o medicamentos recetados por un veterinario. Las revisiones periódicas de la piel y una dieta equilibrada contribuyen a prevenir y controlar la sarna demodéctica en los pitbulls.

Los pitbulls pueden verse afectados por una afección conocida como hipotiroidismo, en la que la glándula tiroides no puede producir suficientes hormonas, lo que puede provocar varios problemas de salud. El hipotiroidismo puede causar cambios en la textura de la piel, aumento de peso, cansancio y caída del cabello. Como parte de los exámenes veterinarios estándar, las pruebas de función tiroidea permiten la detección temprana y el tratamiento del hipotiroidismo. Para tratar el desequilibrio hormonal y mejorar la salud general del Pitbull, se utiliza la terapia de reemplazo de hormona tiroidea.

Si bien estos problemas de salud se encuentran entre las preocupaciones más comunes de los pitbulls, es esencial enfatizar que los perros individuales pueden tener perfiles de salud únicos. Los chequeos veterinarios regulares son fundamentales para evaluar la salud general de los pitbulls, lo que permite la detección temprana y la intervención cuando sea necesario. Los dueños deben estar atentos a los cambios en los hábitos alimenticios, el comportamiento o la salud general de sus mascotas. Deben ponerse en contacto con su veterinario de inmediato si tienen alguna inquietud.

Las medidas preventivas de atención médica son cruciales cuando se trata de controlar y disminuir las consecuencias de los problemas de salud comunes en los pitbulls. Mantener un peso saludable implica llevar una dieta equilibrada, hacer ejercicio con frecuencia y tener en cuenta las características específicas de cada raza. Las buenas prácticas de aseo, la salud dental y la prevención de parásitos contribuyen al bienestar. La tenencia responsable incluye comprender las características únicas de la raza, mantenerse informado sobre cualquier problema de salud y participar activamente en la atención médica preventiva.

En conclusión, los propietarios deben ser conscientes de los posibles peligros para la salud de sus mascotas, aunque los pitbulls suelen ser perros robustos y resistentes. La intervención temprana, las medidas preventivas de atención médica y los chequeos veterinarios regulares son cruciales para abordar y controlar los problemas de salud comunes en los Pitbulls. La tenencia responsable incluye alimentar con una dieta equilibrada y adecuada, ser consciente de las dificultades específicas de la raza y considerar las necesidades de salud individuales de cada pitbull. Cuando se les da el cuidado y la atención adecuados, los pitbulls pueden vivir vidas largas y saludables y son miembros destacados de la familia.

CAPÍTULO IX

Aseo y cuidado

Bañarse y cepillarse los dientes

Los pitbulls, conocidos por su fuerza, inteligencia y naturaleza cariñosa, requieren un aseo regular para mantener una higiene óptima y un pelaje saludable. El baño y el cepillado son componentes integrales de la rutina de cuidado de un pitbull, ya que contribuyen a su bienestar físico y fomentan un fuerte vínculo entre los dueños y sus leales compañeros caninos. En este ensayo, profundizamos en la importancia del baño y el cepillado para los pitbulls, exploramos la frecuencia y las técnicas involucradas, y discutimos los beneficios que se extienden más allá de la estética para abarcar la salud de la piel y la felicidad en general.

El baño es un aspecto crucial del aseo de los pitbulls, ya que ayuda a mantener su piel limpia y libre de suciedad, residuos y posibles alérgenos. Contrariamente a los conceptos erróneos comunes, los Pitbulls no requieren baños frecuentes, ya que su pelaje corto y sus aceites naturales contribuyen a un mecanismo de autolimpieza. Sin embargo, los baños periódicos son esenciales para abordar necesidades específicas, como eliminar la suciedad acumulada, minimizar los olores y controlar las afecciones de la piel.

La frecuencia de los baños de Pitbull depende de varios factores, incluido el nivel de actividad del perro, la exposición a elementos al aire libre y las condiciones individuales de la piel. Por lo general, los pitbulls se benefician de baños cada 6 a 8 semanas o según sea necesario.

La sobreexposición al sol puede agotar los aceites naturales del pelaje, causando sequedad y posiblemente incluso problemas en la piel. Sin embargo, saltarse los baños frecuentes puede provocar una acumulación de residuos y bacterias, que pueden irritar la piel. Al encontrar la mezcla adecuada según las necesidades únicas de cada perro, los pitbulls pueden mantener su piel sana y robusta sin sacrificar los aceites naturales que la protegen.

Es imprescindible utilizar un champú apto para perros diseñado exclusivamente para el tipo de pelaje de tu Pitbull antes de bañarlo. El equilibrio natural de su piel puede verse alterado por champús fuertes o humanos, que pueden causar sequedad o incomodidad. A los pitbulls les va mejor con champús suaves e hipoalergénicos hechos para pieles delicadas. Toallas, una alfombrilla antideslizante y un cepillo adecuado para perros son algunos de los elementos que deben reunirse para garantizar que la hora del baño sea fácil y sin estrés tanto para el perro como para el dueño.

Después de humedecer bien el pelaje del pitbull, se aplica el champú y se masajea el pelaje para garantizar una aplicación uniforme. Prestar mucha atención a las partes delicadas como las patas y la barriga es esencial. Es necesario enjuagar bien para eliminar todos los residuos de champú y evitar irritar la piel. Después del baño, los propietarios deben asegurarse de que su Pitbull esté completamente seco con una toalla para evitar cualquier humedad que pueda agravar las afecciones de la piel. Además de ayudar a dispersar los aceites naturales y eliminar el pelo suelto, cepillar el pelaje mientras se seca ayuda a crear un pelaje brillante y saludable.

El cepillado es igualmente esencial para los Pitbulls, a pesar de su pelaje corto. Si bien los pitbulls no tienen el pelaje largo y denso que se ve en algunas razas, mudan, y el cepillado regular ayuda a controlar la muda, eliminar el pelo suelto y evitar que se enrede. Además, el cepillado estimula la piel y promueve la circulación sanguínea, lo que contribuye a un pelaje más saludable y al estado general de la piel.

Elegir el cepillo adecuado para un Pitbull es fundamental para un aseo eficaz. Los cepillos más pulidos o los guantes de aseo de goma funcionan bien para los Pitbulls, ya que ayudan a eliminar el pelo suelto y a distribuir los aceites naturales. El cepillado regular, idealmente realizado una o dos veces por semana, contribuye a una capa más limpia, reduce la muda y permite a los propietarios controlar la piel en busca de signos de irritación, bultos o anomalías.

Los pitbulls no son conocidos por ser particularmente propensos a enredarse o enredar, pero el cepillado regular es esencial para eliminar el pelo muerto y evitar la acumulación de pelo suelto alrededor de la casa. Esto es especialmente crucial durante los períodos estacionales de muda, cuando los Pitbulls pueden experimentar una mayor pérdida de cabello. El cepillado constante ayuda a controlar la muda y mantiene el pelaje con un aspecto elegante y saludable.

Más allá de los beneficios estéticos, tanto el baño como el cepillado contribuyen al bienestar general de los Pitbulls. El cepillado regular fomenta una conexión física positiva entre los dueños y sus perros, brindando una oportunidad para vincularse y reforzar la confianza. Esto es particularmente importante para los Pitbulls, conocidos por su lealtad y naturaleza afectuosa. Las sesiones de aseo se convierten en momentos de cuidado y atención compartidos, potenciando el vínculo emocional entre el dueño y su Pitbull.

El baño también juega un papel importante en el mantenimiento de la salud de la piel de un pitbull. Si bien su pelaje corto requiere menos mantenimiento que las razas de pelo largo, los baños regulares ayudan a prevenir problemas de la piel como infecciones fúngicas o bacterianas. Secar bien al Pitbull después de un baño es esencial para evitar la humedad, que puede crear un ambiente propicio para problemas en la piel. Además, el baño permite a los propietarios inspeccionar la piel del pitbull en busca de cualquier indicio de sensibilidad, enrojecimiento o anomalías que puedan requerir atención veterinaria.

Las sesiones de aseo también permiten comprobar otros aspectos de la salud de un pitbull. Los propietarios pueden inspeccionar las orejas en busca de signos de infección, revisar la salud dental de los dientes y las encías, y examinar las patas en busca de cortes, objetos extraños o signos de incomodidad. El enfoque holístico del aseo permite a los propietarios abordar los posibles problemas de salud a tiempo, lo que contribuye al bienestar general de su Pitbull.

Es crucial abordar el aseo con paciencia y refuerzo positivo, principalmente si un Pitbull no está acostumbrado al proceso. Comenzar las rutinas de aseo desde una edad temprana ayuda a aclimatar a los Pitbulls a la experiencia y fomenta una asociación positiva con el baño y el cepillado. El uso de golosinas, elogios y un comportamiento tranquilo durante las sesiones de aseo ayuda a crear un ambiente positivo y libre de estrés, asegurando que los pitbulls vean el aseo como una experiencia placentera y de unión.

En conclusión, el baño y el cepillado son componentes esenciales del cuidado de los Pitbulls, contribuyendo a su salud e higiene física y al vínculo emocional entre los dueños y sus fieles compañeros caninos. La frecuencia de los baños debe adaptarse a las necesidades individuales, evitando el baño excesivo y abordando los problemas específicos de limpieza y salud de la piel. A pesar de su pelaje corto, el cepillado regular ayuda a controlar la muda, promueve un pelaje y una piel saludables y permite a los propietarios controlar la salud general de su Pitbull. Las sesiones de aseo se convierten en momentos de cuidado y atención compartidos, fortaleciendo la conexión emocional entre los Pitbulls y sus dueños. Abordar el aseo con paciencia, refuerzo positivo y un toque suave asegura que los Pitbulls asocien la experiencia con la comodidad, contribuyendo a un compañero canino feliz y bien mantenido.

Cortar uñas

El corte de uñas es un aspecto crucial que a menudo se pasa por alto pero que es crucial para el aseo de los pitbulls, una raza célebre por su fuerza, lealtad y apariencia distintiva. El cuidado adecuado de las uñas favorece la comodidad, la movilidad y la salud general de los pitbulls. Este ensayo profundiza en la importancia del corte de uñas para los Pitbulls, examina las dificultades involucradas en esta tarea de aseo y ofrece recomendaciones sobre métodos y frecuencia para garantizar una experiencia feliz y libre de estrés para los dueños y sus amigos peludos.

Al igual que muchas razas de perros, los pitbulls tienen uñas en constante crecimiento. Por lo tanto, se requiere un corte rutinario para evitar molestias, problemas de movilidad y posibles problemas de salud. Las uñas largas pueden afectar la forma en que camina un pitbull, lo que lleva a una distribución desequilibrada del peso y problemas en las articulaciones. Además, partir o romper las uñas demasiado grandes podría causar dolor y posiblemente infecciones. Por esta razón, el corte de uñas es una parte crucial del régimen de aseo regular de un Pitbull que ayuda a preservar su bienestar general.

La frecuencia del corte de uñas para los Pitbulls depende de varios factores, incluido el nivel de actividad del perro, el entorno y la tasa de crecimiento individual de las uñas. Por lo general, las uñas deben revisarse y cortarse cada 2 a 4 semanas. Los perros que pasan más tiempo en interiores o en superficies más blandas pueden requerir un mantenimiento más frecuente de las uñas, mientras que aquellos con más actividad al aire libre en superficies más complejas pueden desgastar naturalmente sus uñas hasta cierto punto. El control regular de las uñas permite a los propietarios evaluar cuándo es necesario recortarlas y evita el desarrollo de uñas largas y curvas que pueden provocar molestias.

Un desafío asociado con el corte de uñas para los Pitbulls es su naturaleza fuerte y, a veces, aprensiva. Algunos pitbulls pueden resistirse a que les toquen las patas o pueden mostrar ansiedad durante el proceso de recorte. Esto puede hacer que la tarea sea un reto tanto para los propietarios primerizos como para los experimentados. Por lo tanto, es fundamental abordar el corte de uñas con paciencia, refuerzo positivo y una introducción gradual al proceso.

Introducir a los pitbulls en el corte de uñas desde una edad temprana les ayuda a acostumbrarse a la experiencia y fomenta una asociación positiva. Comenzar con sesiones cortas de manipulación de las patas, ofrecer golosinas y elogios, e introducir gradualmente el sonido y la sensación del cortaúñas o la amoladora contribuyen a un ambiente positivo y libre de estrés. La consistencia y el refuerzo positivo ayudan a generar confianza entre los propietarios y los pitbulls, lo que hace que las futuras sesiones de corte de uñas sean más manejables.

Elegir las herramientas adecuadas para el corte de uñas es crucial para una experiencia exitosa y sin estrés. Los cortaúñas o amoladoras diseñados específicamente para perros están fácilmente disponibles, cada uno con ventajas. Los cortaúñas estilo guillotina son eficientes para las uñas más pequeñas, mientras que las cortadoras o amoladoras estilo tijera ofrecen precisión y control. Es crucial utilizar instrumentos adecuados para el tamaño y grosor de las uñas de un Pitbull para garantizar un recorte seguro y eficaz.

Los vasos sanguíneos rápidos y los nervios dentro de la uña son consideraciones primordiales durante el corte. El corto a menudo es visible en uñas de color claro como un área rosada, lo que facilita a los propietarios medir cuánto recortar. Sin embargo, es posible que el aviso deba ser más visual en las uñas de color oscuro, lo que requiere precaución adicional. Recortar pequeñas cantidades a la vez y usar una luz brillante para iluminar el rápido puede ayudar a evitar cortarlo accidentalmente.

Los afiladores de uñas son una herramienta alternativa para el cuidado de las uñas de Pitbull, ya que ofrecen un enfoque más suave para el recorte. Las amoladoras liman las uñas gradualmente, lo que reduce el riesgo de cortar en la parte rápida. También proporcionan un acabado más suave, minimizando la posibilidad de bordes afilados. Si bien algunos pitbulls pueden tardar en aclimatarse al ruido y la vibración de un molinillo, muchos lo encuentran menos intimidante que las tijeras tradicionales. La consistencia en el molinillo ayuda a los perros a familiarizarse con el proceso, lo que hace que las sesiones posteriores sean más cómodas.

Los propietarios deben observar las señales que indican que las uñas de un Pitbull necesitan ser cortadas. Los chasquidos cuando el perro camina, el enroscamiento o cruce visible de las uñas y la incomodidad o renuencia a poner peso sobre las patas son indicaciones de que las uñas requieren atención. Además, inspeccionar las patas y las uñas durante las sesiones regulares de aseo permite a los propietarios identificar cualquier problema, como uñas encarnadas u objetos extraños entre los dedos de los pies.

En los casos en que los propietarios no estén seguros o se sientan incómodos con el corte de uñas ellos mismos, buscar la ayuda de un peluquero o veterinario profesional es una opción viable. Los peluqueros y veterinarios tienen la experiencia y los conocimientos necesarios para cortar las uñas de forma segura, asegurándose de que no se corte el rápido y minimizando el estrés para el perro y el dueño. También se puede realizar un examen exhaustivo de la salud de las patas durante las citas de aseo profesional, lo que permite la identificación temprana de cualquier problema que deba solucionarse.

Además de sus obvios beneficios para la salud, el corte de uñas ayuda a fomentar un fuerte vínculo de confianza entre los Pitbulls y sus dueños. La recompensa positiva y el manejo constante y suave de las patas fortalecen el vínculo entre el perro y su cuidador. Debido a este vínculo favorable, es menos probable que los pitbulls asocien el corte de uñas con el estrés o la ansiedad y es más probable que lo vean como una parte regular del aseo.

En conclusión, el corte de uñas es un aspecto esencial del cuidado del Pitbull que no debe pasarse por alto. El recorte regular garantiza la comodidad, la movilidad y la salud general de los pitbulls al prevenir los problemas asociados con las uñas prolongadas o demasiado grandes. Abordar el corte de uñas con paciencia, refuerzo positivo y una introducción gradual al proceso ayuda a crear una experiencia libre de estrés tanto para los propietarios como para los Pitbulls. Las rutinas de aseo constantes desde una edad temprana fomentan una asociación positiva, fortaleciendo el vínculo emocional entre el perro y su cuidador. Elegir las herramientas adecuadas, controlar la salud de las uñas y buscar asistencia profesional cuando sea necesario contribuye a mantener el bienestar y la felicidad de los Pitbulls a través del cuidado adecuado de las uñas.

Odontólogos

Mantener un cuidado dental adecuado para los Pitbulls es vital para el bienestar general de los perros, contribuyendo a su salud bucal y bienestar general. Los pitbulls, conocidos por su fuerza, lealtad y naturaleza afectuosa, se benefician significativamente de un enfoque proactivo de la atención dental. Esta publicación analiza el valor de la higiene dental para los Pitbulls, las dificultades para mantener una buena higiene bucal y los métodos factibles para garantizar la longevidad de una buena salud bucal.

Para los Pitbulls, la salud dental es esencial porque impacta directamente en su calidad de vida. La caries dental, la enfermedad de las encías, el mal aliento e incluso los trastornos de salud sistémicos pueden ser provocados por una mala higiene bucal. Contrariamente a la creencia popular, los perros, incluidos los pitbulls, pueden mantener una buena salud bucal de forma independiente. El cuidado dental de rutina previene problemas dentales que podrían poner en peligro el bienestar general de un perro.

Uno de los principales desafíos en el cuidado dental de los pitbulls es la naturaleza fuerte y, a veces, resistente de la raza. Muchos Pitbulls pueden estar preocupados por que les toquen la boca, lo que hace que las tareas de cuidado dental, como el cepillado de los dientes o las inspecciones, sean más difíciles para los propietarios. Para superar este desafío, es crucial introducir rutinas de cuidado dental desde una edad temprana, fomentando una asociación positiva con el cuidado bucal. Comenzar con toques suaves, ofrecer golosinas y progresar gradualmente hacia el cepillado de dientes ayuda a generar confianza y hace que el cuidado dental sea una experiencia más tolerable para los Pitbulls.

El cepillado de los dientes es una piedra angular del cuidado dental de Pitbull y es fundamental para prevenir la acumulación de placa y sarro. El uso de un cepillo de dientes y una pasta de dientes aptos para perros es crucial, ya que la pasta de dientes humana puede dañar a los perros. Los propietarios deben cepillar los dientes de sus pitbulls con regularidad, idealmente de tres a cuatro veces por semana, para mantener una salud bucal óptima. El acto de cepillarse no solo elimina la placa y previene el sarro, sino que también estimula las encías, favoreciendo la circulación sanguínea y contribuyendo a unos dientes más sanos.

Elegir un cepillo de dientes y una pasta de dientes adecuados es esencial para un cuidado dental eficaz. Los cepillos de dientes para perros están diseñados para llegar a todas las áreas de la boca de un perro, y el uso de un cepillo de dientes con cerdas suaves ayuda a prevenir daños en las encías. La pasta de dientes para perros viene en aromas que les gustan a los perros, por lo que el dueño y el Pitbull se lo pasarán mejor usando. Al introducir la pasta de dientes gradualmente y dejar que el Pitbull la pruebe, puede establecer una relación favorable que facilitará la limpieza de sus dientes en el futuro.

La salud bucal de un Pitbull mejora al incluir masticables o juguetes dentales en su rutina, además del cepillado de dientes esencial. Los juguetes para masticar que fomentan una buena higiene dental promueven la masticación, que limpia los dientes de forma natural y ayuda a prevenir el desarrollo de placa y sarro. Los masticables dentales diseñados teniendo en cuenta problemas específicos de salud bucal, incluida la reducción de la placa o el pésimo control de la respiración, ofrecen un método divertido y fácil para complementar el cuidado dental de rutina.

Los chequeos dentales con un veterinario son otro aspecto crítico de la atención dental de Pitbull. Los exámenes veterinarios regulares permiten realizar evaluaciones profesionales de la salud bucal de un pitbull, incluida la identificación de posibles problemas como enfermedad de las encías, caries dental o desalineaciones. Se pueden recomendar limpiezas dentales profesionales realizadas bajo anestesia para tratar problemas dentales más avanzados. Los veterinarios también pueden guiar las necesidades específicas de atención dental en función de la edad, la salud general y el perfil de salud bucal individual del pitbull.

La enfermedad periodontal, que implica inflamación e infección de las encías y los tejidos que sostienen los dientes, es una afección dental común en los Pitbulls. La película pegajosa de bacterias en los dientes, conocida como placa, es con frecuencia el primer signo de enfermedad periodontal. La placa puede convertirse en sarro si no se controla, lo que puede causar inflamación de las encías y, eventualmente, problemas dentales más graves. Las indicaciones de enfermedad periodontal en los Pitbulls pueden incluir mal aliento, sangrado o encías rojas, problemas para comer o falta de voluntad para permitir un examen bucal.

Para prevenir y controlar la enfermedad periodontal, los propietarios deben controlar la salud bucal de su Pitbull y buscar atención veterinaria si surge algún signo de problemas dentales. Además del cepillado de dientes y la masticación, la incorporación de enjuagues dentales o aditivos de agua en la rutina de un Pitbull puede contribuir a la prevención de la placa y la salud bucal. Estos productos a menudo contienen ingredientes que ayudan a combatir las bacterias y promueven encías más saludables.

Las elecciones dietéticas también juegan un papel importante en el cuidado dental de los pitbulls. Alimentar con una dieta equilibrada y nutritiva que incluya componentes odontológicos contribuye a la salud bucodental. Algunos alimentos comerciales para perros están formulados para apoyar la higiene dental al incorporar ingredientes que reducen la placa y el sarro. Además, evitar el exceso de golosinas azucaradas y proporcionar artículos masticables que promuevan la salud dental, como los huesos crudos, puede contribuir a limpiar naturalmente los dientes de un pitbull.

Los propietarios deben tener en cuenta los posibles problemas dentales que pueden surgir con la edad. Los pitbulls pueden volverse propensos a la caries dental, la pérdida u otros problemas dentales a medida que envejecen. Los chequeos veterinarios regulares se vuelven cada vez más cruciales para los Pitbulls mayores, ya que permiten la detección e intervención tempranas para abordar los problemas dentales relacionados con la edad.

En resumen, el cuidado dental es un componente esencial de la salud general de los Pitbulls, ya que contribuye a su comodidad, longevidad y calidad de vida. Los propietarios desempeñan un papel fundamental en el mantenimiento de la salud bucal de sus pitbulls a través del cepillado regular de los dientes, la incorporación de masticables o juguetes dentales y la búsqueda de atención veterinaria profesional cuando sea necesario. Comenzar rutinas de cuidado dental desde una edad temprana y crear asociaciones positivas con las tareas de cuidado bucal ayuda a que la experiencia sea más agradable tanto para el propietario como para el Pitbull. Con un cuidado dental constante y proactivo, los Pitbulls pueden disfrutar de una vida de buena salud bucal, asegurando que permanezcan felices, saludables y libres de las molestias de los problemas dentales

CAPÍTULO X

Historias de éxito de Pitbull

Historias de la vida real de pitbulls bien equilibrados

En un mundo a menudo nublado por conceptos erróneos y estereotipos que rodean a los Pitbulls, las historias de la vida real de individuos bien equilibrados y amorosos de esta raza tienen el poder de desafiar las narrativas predominantes y mostrar la verdadera naturaleza de estos notables perros. Más allá de los titulares y los relatos sensacionalistas, los Pitbulls se han convertido en compañeros leales, cariñosos y de buen comportamiento en la vida de muchas familias. Este ensayo tiene como objetivo arrojar luz sobre las historias de la vida real de los Pitbulls bien equilibrados, destacando sus rasgos positivos, disipando mitos y enfatizando la importancia de la propiedad responsable para fomentar relaciones armoniosas entre los Pitbulls y sus familias humanas.

Una de esas historias conmovedoras gira en torno a Rocky, un pitbull rescatado de un contexto desafiante de negligencia y maltrato. A pesar de su difícil comienzo, Rocky desafió las probabilidades y se convirtió en un miembro de la familia equilibrado y cariñoso. A través del entrenamiento paciente, el refuerzo positivo y el amor inquebrantable de su familia adoptiva, Rocky superó traumas pasados y se convirtió en embajador de los Pitbulls, mostrando su resiliencia y capacidad de amor. Su historia ejemplifica el poder transformador de un entorno solidario y el potencial para un cambio positivo incluso en las circunstancias más difíciles.

Del mismo modo, la historia de Bella, una perra de terapia Pitbull, ilustra el increíble vínculo que puede desarrollarse entre los Pitbulls y sus contrapartes humanas. Certificada como perra de terapia, Bella visita regularmente hospitales, hogares de ancianos y escuelas, brindando alegría y consuelo a las personas que enfrentan diversos desafíos. Su comportamiento amable, su naturaleza intuitiva y su amor por la interacción humana han tocado las vidas de las personas que conoce y han desafiado los estereotipos que rodean a los pitbulls. La historia de Bella ejemplifica el potencial de los pitbulls para convertirse en compañeros compasivos y empáticos, impactando positivamente en las comunidades a las que sirven.

Otra historia notable involucra a Max, una mezcla de

Pitbull rescatada de un refugio, que se convirtió en un perro de búsqueda y rescate certificado. La inteligencia, la agilidad y la fuerte ética de trabajo de Max lo convirtieron en un candidato ideal para las misiones de búsqueda y rescate, donde desempeñó un papel crucial en la localización de personas desaparecidas y en brindar consuelo a quienes estaban en peligro. La historia de Max muestra la versatilidad de los

Pitbulls y su capacidad para sobresalir en varios roles cuando se les proporciona la capacitación, el cuidado y las oportunidades adecuadas. Sus contribuciones a los esfuerzos de búsqueda y rescate salvaron vidas y desafiaron los estereotipos prevalecientes sobre las capacidades de los pitbulls.

En el ámbito de la vida familiar, la historia de Luna, un

pitbull adoptado por una familia con niños pequeños, pinta una imagen de un compañero canino cariñoso y protector. Luna se integró perfectamente en la dinámica familiar, formando fuertes lazos con los niños y convirtiéndose en una fuente de alegría y consuelo. Su naturaleza juguetona y cariñosa disipó cualquier preocupación de que los pitbulls fueran incompatibles con las familias, enfatizando el potencial de la raza para ser miembros amables y amorosos de los hogares con niños. La historia de Luna destaca la importancia de la propiedad responsable, la socialización y el refuerzo positivo en la crianza de Pitbulls bien equilibrados.

La narrativa de Ace, un pitbull entrenado como perro de servicio, muestra la inteligencia y la adaptabilidad de la raza para ayudar a las personas con discapacidades. El entrenamiento de Ace incluyó tareas como recuperar artículos, brindar apoyo durante los desafíos de movilidad y ofrecer consuelo emocional. Su historia desafía los estereotipos al ilustrar cómo los pitbulls, cuando reciben la orientación y el entrenamiento adecuados, pueden convertirse en animales de servicio invaluables, mejorando la calidad de vida de las personas con diversas necesidades. El viaje de Ace ejemplifica el potencial de la raza para servir como compañeros dedicados y confiables en diversas capacidades.

Estas historias de la vida real subrayan colectivamente la importancia de la propiedad responsable, el entrenamiento adecuado y el refuerzo positivo en la configuración del comportamiento de los Pitbulls. A pesar de sus antecedentes y experiencias únicas, cada uno de estos perros prosperó en entornos en los que se les brindó amor, cuidado y orientación estructurada. Estas historias sirven como un recordatorio de que los Pitbulls, como cualquier otra raza, prosperan cuando son tratados con amabilidad, respeto y comprensión.

Es crucial reconocer que el comportamiento de cualquier perro, incluidos los pitbulls, está influenciado por una combinación de genética, entorno y experiencias individuales. La tenencia responsable implica proporcionar capacitación, socialización y cuidado adecuados para garantizar que los Pitbulls se conviertan en compañeros bien equilibrados y educados. Las historias de Rocky, Bella, Max, Luna y Ace demuestran que los resultados positivos se pueden lograr cuando los propietarios invierten tiempo, esfuerzo y compasión en fomentar un fuerte vínculo con sus Pitbulls.

Disipar los estereotipos que rodean a los pitbulls es un esfuerzo continuo que requiere educación, defensa y un enfoque en historias individuales que muestren las cualidades positivas de la raza. Si bien es esencial reconocer que ninguna raza está completamente libre de variaciones únicas en el comportamiento, perpetuar estereotipos negativos basados solo en la raza hace un flaco favor a los muchos Pitbulls cariñosos y de buen comportamiento que enriquecen la vida de sus familias.

En última instancia, las historias de la vida real de los mitos bien equilibrados de Pitbullsdispel proporcionan una explicación más compleja de la raza. Estas historias enfatizan la importancia de la propiedad responsable, el refuerzo positivo y el poder transformador del amor y el cuidado en la configuración del comportamiento de los Pitbulls. Al celebrar los rasgos positivos y los logros de los Pitbulls en varios roles, desde perros de terapia hasta animales de servicio, podemos contribuir a una perspectiva más compasiva e informada sobre esta raza incomprendida. Darse cuenta del potencial de las relaciones bien equilibradas y amorosas con los Pitbulls requiere un cambio de percepción que se centre en la individualidad de cada perro y en el impacto positivo que pueden tener cuando se les proporciona el entorno y la orientación adecuados.

Superar los desafíos

Acoger a un Pitbull, a menudo percibido como un desafío debido a los estereotipos y conceptos erróneos que prevalecen en torno a la raza, puede ser un viaje transformador marcado por la compasión, la comprensión y la ruptura de barreras. Muchas personas y familias que han optado por abrir sus corazones y hogares a los Pitbulls han descubierto la increíble resistencia, lealtad y afecto que estos perros pueden ofrecer. En este ensayo, exploramos los desafíos que enfrentan aquellos que deciden adoptar Pitbulls, las recompensas de superar los estereotipos y las transformaciones positivas que ocurren cuando a estos perros incomprendidos se les da la oportunidad de prosperar en entornos amorosos.

Uno de los principales retos a los que se enfrentan las personas al adoptar Pitbulls es el estigma asociado a la raza. Los pitbulls han sido durante mucho tiempo objeto de estereotipos negativos, a menudo retratados como perros agresivos o peligrosos en los medios de comunicación. Este estigma puede crear obstáculos para los posibles adoptantes, ya que pueden encontrarse con prejuicios de amigos, familiares o incluso vecinos que tienen creencias arraigadas sobre los pitbulls. Superar estas ideas preconcebidas requiere paciencia, educación y un compromiso para desafiar los conceptos erróneos a través de interacciones positivas con el Pitbull adoptado.

Un aspecto crucial para superar los desafíos en la adopción de un Pitbull es comprender la historia de la raza y reconocer el impacto de la propiedad irresponsable en su reputación. Los pitbulls, criados inicialmente para diversos fines, incluido el trabajo agrícola y como compañeros familiares, desafortunadamente fueron explotados más tarde en peleas de perros. Como resultado, algunos Pitbulls pueden haber experimentado negligencia, abuso o entrenamiento inadecuado, lo que contribuye a problemas de comportamiento. Los adoptantes pueden superar los desafíos iniciales reconociendo el contexto histórico de la raza y proporcionando un entorno enriquecedor.

Los problemas de comportamiento pueden ser frecuentes en los pitbulls con pasados desafiantes, pero con paciencia, entrenamiento constante y refuerzo positivo, estos desafíos se pueden abordar. Muchos Pitbulls que se han enfrentado a la adversidad responden bien al amor, la estructura y la orientación. Los adoptantes están dispuestos a invertir tiempo en la construcción de un vínculo fuerte y de confianza con su Pitbull y, a menudo, son testigos de notables transformaciones de comportamiento. Este proceso beneficia al perro individual y contribuye a disipar los mitos sobre la agresión inherente a la raza.

La socialización es otro aspecto crítico para superar los desafíos al adoptar un Pitbull. Introducir adecuadamente a un Pitbull en diversos entornos, personas y otros animales les ayuda a desarrollar comportamientos sociales positivos y reduce la ansiedad o las reacciones basadas en el miedo. La socialización no solo aborda los posibles desafíos de comportamiento, sino que también contribuye a fomentar un compañero canino seguro y equilibrado.

Un reto importante al que se enfrentan los adoptantes de Pitbulls es navegar por la legislación específica de la raza (BSL), que impone restricciones o prohibiciones a la posesión de ciertas razas, incluidos los Pitbulls, en ciertas regiones. La BSL a menudo se basa en estereotipos y desinformación, y se dirige a las razas en lugar de abordar las causas fundamentales de los incidentes relacionados con los perros. Superar la BSL implica abogar por una legislación basada en la evidencia y neutral en cuanto a la raza, que se centre en la propiedad responsable, la educación y la seguridad de la comunidad. Muchas personas que han acogido pitbulls se convierten en defensores vocales de un trato justo y humano, trabajando para derogar o enmendar las leyes discriminatorias específicas de cada raza.

Las recompensas de superar los desafíos de adoptar un Pitbull son multifacéticas y profundamente satisfactorias. Los adoptantes a menudo se encuentran forjando lazos inquebrantables con sus Pitbulls, experimentando un nivel de lealtad y afecto que desafía los estereotipos negativos asociados con la raza. Los pitbulls, conocidos por su deseo innato de complacer a sus dueños, prosperan en entornos donde reciben amor, refuerzo positivo y orientación clara. La transformación de un perro incomprendido y potencialmente problemático a un miembro querido de la familia es un testimonio de la resiliencia y la bondad inherente de los Pitbulls.

En muchos casos, los pitbulls que han superado los desafíos a través de la adopción se convierten en embajadores de la raza, disipando los estereotipos a través de interacciones positivas y la participación de la comunidad. Los adoptantes que comparten sus historias de éxito se convierten en defensores de la tenencia responsable y la educación de la raza, fomentando una comprensión más compasiva de los Pitbulls. Estos Pitbulls transformados, una vez pasados por alto o incomprendidos, se convierten en la prueba viviente de que el amor, la paciencia y el refuerzo positivo pueden remodelar su comportamiento y derribar las barreras erigidas por los estereotipos.

El impacto de superar los desafíos en la adopción de un Pitbull se extiende más allá del perro individual y la familia adoptiva. Contribuye a la narrativa más amplia que rodea a la raza, desafiando las percepciones sociales y fomentando una perspectiva más inclusiva e informada. A medida que más personas abren sus hogares a los pitbulls y comparten sus experiencias positivas, el esfuerzo colectivo contribuye a cambiar la narrativa en torno a estos perros, abogar por su trato justo y disipar los mitos que han empañado injustamente su reputación.

En conclusión, acoger a un Pitbull es un viaje marcado por los desafíos, la compasión y la transformación. Superar el estigma asociado con la raza, abordar los posibles problemas de comportamiento, navegar por la legislación específica de la raza y abogar por un trato justo son parte del proceso. Las recompensas, sin embargo, son inconmensurables: forjar conexiones profundas con un compañero amoroso y leal, disipar estereotipos a través de interacciones positivas y contribuir a una comprensión más compasiva e informada de los pitbulls. Cada Pitbull adoptado representa un triunfo sobre la adversidad, un testimonio del poder del amor y la propiedad responsable, y una oportunidad para remodelar la narrativa que rodea a esta raza incomprendida.

Celebrando el vínculo entre los pitbulls y los dueños

El vínculo entre los pitbulls y sus dueños es evidencia de la profunda relación que se puede forjar entre los humanos y estos perros, a menudo incomprendidos. En un mundo donde persisten los estereotipos y los conceptos erróneos sobre los Pitbulls, abundan innumerables historias sobre la lealtad, el amor y la compañía inquebrantables que definen las relaciones entre estos extraordinarios perros y sus dedicados dueños. Este ensayo explora las cualidades únicas que hacen que el vínculo entre los Pitbulls y los propietarios sea especial, profundizando en los desafíos enfrentados, las recompensas cosechadas y la naturaleza duradera de una conexión que trasciende los estereotipos sociales.

Los pitbulls, conocidos por su fuerza, agilidad y naturaleza cariñosa, forman poderosos vínculos con sus dueños. La lealtad exhibida por los pitbulls a menudo es descrita por los dueños como incomparable, y estos perros demuestran una profunda devoción por sus compañeros humanos. Esta lealtad es evidente en la forma en que los Pitbulls buscan complacer a sus dueños, respondiendo con entusiasmo a las órdenes y exhibiendo un fuerte deseo de ser una parte integral de su unidad familiar. Uno

de los desafíos inherentes a celebrar el vínculo entre los Pitbulls y sus dueños radica en los estereotipos prevalecientes que caracterizan injustamente a estos perros como inherentemente agresivos o peligrosos. A pesar de estos estereotipos, los propietarios que han experimentado la compañía de los pitbulls entienden el marcado contraste entre las percepciones populares y la realidad de su naturaleza amorosa y afectuosa. Superar los prejuicios sociales requiere que los propietarios sean defensores de la raza, disipando mitos a través de interacciones positivas y compartiendo sus historias personales sobre el profundo vínculo que comparten con sus Pitbulls.

Las recompensas de celebrar el vínculo entre los Pitbulls y los dueños son multifacéticas y abarcan el bienestar emocional, físico y psicológico de ambas partes. Los propietarios a menudo describen una sensación única de compañerismo y comprensión más allá del nivel superficial. Los pitbulls son conocidos por su capacidad para sintonizar con las emociones de sus dueños, brindando consuelo durante los momentos difíciles y celebrando momentos de alegría. Esta conexión emocional contribuye a una sensación de seguridad y apoyo mutuo, fomentando un entorno en el que el Pitbull y el dueño prosperan emocionalmente.

El aspecto físico del vínculo entre los Pitbulls y los dueños es evidente en el estilo de vida activo que a menudo comparten estas parejas. Esta actividad física compartida promueve la salud y el bienestar del Pitbull y fortalece el vínculo entre el dueño y el perro. El disfrute mutuo de las actividades al aire libre crea recuerdos duraderos y refuerza el sentido de asociación que define la relación.

Psicológicamente, el vínculo entre los Pitbulls y sus dueños ofrece un sentido de propósito y compañía. Los pitbulls son conocidos por su naturaleza intuitiva, y muchos propietarios describen una forma única de comunicación que va más allá de las palabras. Ya sea una mirada cómplice, un movimiento de la cola o una caricia reconfortante, los pitbulls tienen una forma de expresar su amor y comprensión de maneras que resuenan profundamente con sus dueños. Esta conexión psicológica fomenta una sensación de satisfacción y alegría, lo que contribuye al bienestar general tanto del Pitbull como del dueño.

Celebrar el vínculo entre los Pitbulls y los propietarios a menudo implica superar los desafíos relacionados con la legislación específica de la raza y las políticas discriminatorias. Muchas regiones imponen restricciones o prohibiciones a la tenencia de Pitbulls, perpetuando los estereotipos negativos que rodean a la raza. Los propietarios que celebran su vínculo con los pitbulls se convierten en defensores de un trato justo, participando activamente en los esfuerzos para desafiar la legislación específica de la raza y promover la tenencia responsable. Al compartir sus experiencias positivas, los propietarios contribuyen a cambiar las percepciones de la sociedad y a fomentar una comprensión más inclusiva de los pitbulls.

Innumerables historias de resiliencia, lealtad y crecimiento mutuo ejemplifican el vínculo duradero entre los Pitbulls y los propietarios. Los pitbulls, a menudo adoptados de refugios u organizaciones de rescate, se encuentran en hogares amorosos donde no solo se convierten en miembros queridos de la familia, sino que también brindan una alegría y positividad inconmensurables. Los propietarios que celebran este vínculo entienden el poder transformador de la compasión y la paciencia. Muchos Pitbulls, después de haber superado pasados difíciles, florecen bajo el cuidado y el amor proporcionados por sus dueños, liberándose de los estereotipos y convirtiéndose en compañeros bien adaptados y contentos.

Celebrar el vínculo entre los Pitbulls y sus dueños se extiende a la comunidad en general a través de iniciativas como los programas de perros de terapia, donde los Pitbulls ofrecen consuelo y compañía a las personas en hospitales, hogares de ancianos o escuelas. Estos programas destacan las cualidades gentiles y cariñosas de la raza, desafían los estereotipos y muestran el impacto positivo que los pitbulls pueden tener en diversas comunidades. Los propietarios que participan en estos programas se convierten en embajadores de la raza, contribuyendo activamente a cambiar las percepciones y fomentando una comprensión más compasiva de los pitbulls.

En conclusión, celebrar el vínculo entre los pitbulls y sus dueños es un tributo a la conexión duradera que desafía los estereotipos sociales y los conceptos erróneos. Las cualidades únicas de lealtad, amor y compañía de los pitbulls contribuyen a un vínculo profundo y significativo que impacta positivamente en el bienestar emocional, físico y psicológico del perro y del dueño. Al superar los desafíos, disipar mitos y abogar activamente por un trato justo, los propietarios juegan un papel crucial en el cambio de la narrativa que rodea a los Pitbulls. Cada celebración del vínculo se convierte en un poderoso testimonio del poder transformador del amor y la comprensión para fomentar relaciones positivas entre los Pitbulls y sus dedicados dueños.

CONCLUSIÓN

En conclusión, "Pitbull Harmony: The Art of Training and Understanding - Creating a Happy, Healthy, and Well-Balanced Canine Companion" se erige como un faro para los entusiastas y propietarios de pitbulls, fomentando una comprensión profunda de esta raza a menudo incomprendida. A través de las páginas de esta guía completa, nos hemos embarcado en un viaje para desacreditar mitos, revelar la rica historia y las características únicas de los pitbulls y explorar el arte de la tenencia responsable.

El corazón de "Pitbull Harmony" radica en enfatizar las técnicas de entrenamiento de refuerzo positivo diseñadas para generar confianza, mejorar la comunicación y forjar un vínculo profundo entre usted y su pitbull. Al ofrecer información práctica sobre cómo abordar los desafíos de comportamiento comunes, desde la agresión hasta la ansiedad por separación, el libro electrónico permite a los propietarios navegar por las complejidades de la capacitación con compasión y habilidad.

Más allá de la capacitación, esta guía profundiza en los aspectos más amplios de la tenencia responsable de pitbulls. Aboga por la creación de un entorno seguro y enriquecedor, reconociendo la importancia de una nutrición adecuada, el ejercicio regular y la atención veterinaria de rutina. El libro es un recurso holístico que garantiza que los dueños de pitbulls estén bien equipados para satisfacer las necesidades físicas y emocionales de sus compañeros caninos.

Al concluir este viaje, el mensaje general es la armonía entre la percepción y la realidad, la armonía en los métodos de entrenamiento y, lo más importante, la armonía en la relación entre los pitbulls y sus dueños. Al adoptar los principios descritos en "Pitbull Harmony", los lectores están preparados para crear una asociación alegre, satisfactoria y mutuamente enriquecedora con sus pitbulls.

El libro no es una mera guía; Es una celebración de las cualidades únicas de los pitbulls y un testimonio del poder transformador de la comprensión, la paciencia y el refuerzo positivo. Esperamos que "Pitbull Harmony" sirva como un recurso duradero, empoderando a los dueños de pitbulls para cultivar una compañía feliz, saludable y bien equilibrada que trascienda los estereotipos y fomente un vínculo profundo y duradero entre los humanos y sus compañeros pitbull.

Gracias por comprar y leer/escuchar nuestro libro. Si este libro le ha resultado útil, tómese unos minutos y deje una reseña en la plataforma donde compró nuestro libro. Sus comentarios son muy importantes para nosotros.

www.ingramcontent.com/pod-product-compliance
Lightning Source LLC
Chambersburg PA
CBHW050529160726
48003CB00002B/516